孔子定律
与《论语新读》

高英蒙　主编

团结出版社

北京

© 团结出版社，2024 年

图书在版编目（CIP）数据

孔子定律与《论语新读》/ 高英蒙主编 . -- 北京：
团结出版社 , 2024.10. -- ISBN 978-7-5234-1288-6

Ⅰ . B222.25

中国国家版本馆 CIP 数据核字第 2024H07U88 号

责任编辑：夏明亮
封面设计：袁　野

出　版：团结出版社
　　　　（北京市东城区东皇城根南街 84 号 邮编：100006）
电　话：（010）65228880 65244790
网　址：http://www.tjpress.com
E-mail: zb65244790@vip.163.com
经　销：全国新华书店
印　装：北京旺都印务有限公司

开　本：170mm×240mm　16 开
印　张：17　　　字　数：247 千字
版　次：2024 年 10 月 第 1 版
印　次：2024 年 10 月 第 1 次印刷

书　号：978-7-5234-1288-6
定　价：59.00 元

目录

第一部分

孔子定律

一、仁的本质

孔子曰：克己复礼为仁，一日克己复礼，天下归仁焉。孔子的这段话，阐述了仁的核心。那么，仁指的是什么？

我们认为：仁，人也，指的就是人。只不过是指一个人两种不同的精神状态。即：在"克己复礼"之前，人是表现为一种精神状态；完成"克己复礼"之后，人表现为另一种精神状态。通过"克己复礼"这样一个过程，人的精神得到了一种升华，成了一个受到精神洗礼、脱胎换骨的"新人"。至于说具体变成一个什么样的"新人"，这由"礼"的具体内容而决定。有什么样的"礼"，就产生什么样的新人。孔子并没有对礼的内容加以界定，并没有说礼就一定是指周礼。因此我们认为：孔子关于克己复礼的表述，是对事物的一般性表述。在这种表述中，礼与仁都是抽象性的概念。只有对礼的内容具体化，孔子关于克己复礼的表述，才具有特殊性。这时的仁，才是一个具体的人。

在中国过去的2000多年，人们尊崇孔孟之道。特定内容的礼——儒家学说，决定了特定的仁——只能是儒家弟子。儒家弟子，我们也可以称之为"儒家人"。一日克己复礼，天下归仁焉。一旦儒家人越来越多，天下就是儒家社会。

仁的本质，就是指那些为了信仰而奋斗终生的人。从微观上说，仁是指有信仰的个人；从宏观上说，仁是指有信仰的社会。

仁的意思明白了，我们接着阐述礼。

古人云："礼者理也，德之则也。"就是说，礼是根据道德理性的要求制定出来的。有什么样的道德理性要求，就有什么样的礼。换言之，礼可以是具体的礼，它具有特殊性；也可以是抽象的礼，它具有一般性。我们认为，抽象的"礼"等同"理"，是"道理"的意思。但这里所说的道理，它不是一般的道理，而是终极的道理——真理。在人们的信仰过程中，真理指引人们前进的方向。

那么在实践中，克己复礼最为困难的地方是什么？

我认为，最困难的地方在于"复"。

"复"有两重含义：一是指反反复复的重复；二是指践行。这个"复"字解释起来并不难，难的是在于实践。孔子所说的克己复礼为仁，其实是指为了追求信仰而苦行。这种苦行从时间上讲是一辈子。为实现理想（真理）而奋斗终生的人，如果没有信仰的支撑，则是根本坚持不下去的，只能半途而废。

在这里，我把有信仰的人，定义为"文明人"；把有信仰的社会，定义为"文明社会"。

孔子曰：克己复礼为仁，一日克己复礼，天下归仁焉。为仁由己，而由人乎哉？

我对这句话的解读是：

克制自己，终身践行真理，就是有信仰的文明人（仁）。一旦文明人越来越多，天下就是有信仰的文明社会（仁）。要做文明人全靠自己，哪能依靠别人？

我认为，孔子的表述是科学严谨的。这种严谨甚至可以用公式来进行表达。

公式如下：

A+B+C=D

A——克己；

B——复（终身践行）；

C——礼（真理）；

D——仁（文明人或文明社会）。

为讨论方便起见，我把上述公式，称之为"孔子定律"。

孔子定律，揭示了人类社会关于信仰的一般性规律。

仁是孔子思想的核心，历代以来的解释很多。但思路无非只有两个：

第一种思路：把仁字拆开，就是"二人"，把这种二人的关系，理解为"人与人"之间的相互关系。

众所周知，孔子关于仁的表述实在是太多了，况且人与人之间的相互关系又非常的复杂。所以，按照第一种思路，仁的解读也就变得非常复杂，难以统一。国学界有一种说法，有一千部关于论语的著作，就有一千个关于仁的解读。从古至今，人们都是按照第一种思路对仁进行解读。我们把这种思路下的儒家学说，称之为"复杂型儒家学说"。

第二种思路：也是把仁字拆开。虽然也是"二人"，但这里的二人，理解为"判若二人"！即一个人两种不同的精神状态。按照第二种思路，仁的解读非常简单，十分准确。我们把这种思路下的儒家学说，称之为"简单型儒家学说"。

本书所讨论的儒家学说，属于简单型儒家学说。

孔子定律所阐述的客观规律，是对人类社会发展的巨大贡献。

首先，孔子定律强调信仰的主导性。

孔子认为，文明人或文明社会的标志，是克己复礼。文明人或文明社会不是自发产生的，需要一个修行的过程。只有经过克己复礼这一修行过程，一个人才能成为文明人；只有文明人的不断增多，社会才能成为文明社会。从人类社会的发展实践看，孔子定律毫无疑问是正确的。就拿当今世界来说，尽管信仰各不相同，但没有信仰的国家是根本不存在的。信仰在每个国家的社会生活中，都居主导地位。

其次，孔子定律强调信仰的严肃性。

在克己复礼的实践过程中，实践没有作秀的成分。整个实践过程将伴随严格的监督。在人类社会中，每一种信仰，都需要有效的监督机制。否则，任何信仰都只能沦为空谈。儒家学说创造了一套行之有效的监督机制。关于这方面的问题，讨论的篇幅较大，我们会在下一个章节进行讨论。

再次，孔子定律强调信仰的持久性。

克己复礼的过程，是一个终其一生的过程。什么时候开始，并无时间上的规定。可以是在儿童的启蒙阶段，也可以是在人们的成年阶段。但只要开始，就要坚持到底，直至生命的最后一息。所以，人们开始一种信仰并不难，但要终其一生，抵御各种诱惑，并不是一件容易做到的事。因此，孔子认为，作为克己复礼的人，其过去并不代表现在，更不能代表未来。只有反反复复，每日每时，年年不断的克己复礼，才是信仰所在，文明所在。

最后，孔子定律强调信仰的包容性。

在孔子定律中，它所阐述的信仰相对抽象，只是类似于一个信仰平台。在这个信仰平台上，孔子并没有给出狭义的信仰定义，更没有说哪种信仰正确或哪种信仰错误。孔子只是反对没有信仰的人或没有信仰的社会。所以，在中国传统的儒家社会里，就会出现了一种以儒家社会为主，不同信仰并存的局面——儒释道。正是这种信仰的包容性，促成了各民族的相互融合，使我们中华民族具有极大的融合性。今天的中华民族，是经过几千年各个民族不断的融合形成的。中华民族的融合既有血缘的融合，同时更主要的是信仰的融合。

二、孝的本质

孝，是中国儒家传统文化独有的内容，发挥着信仰监督的作用。它为儒家信仰的践行保驾护航。

在儒家社会，为什么要强调孝悌？为什么要强调祭祀的重要性？

这是因为：故去的列祖列宗在某种程度上被神化，具有某种超凡的精神力量。对列祖列宗的崇拜，可以使人们获取巨大的精神力量，从而约束自己的言行。

所谓孝的本质：

首先，是对列祖列宗的认同。只有这种认同，才能获得家族的荣誉感，才能相信列祖列宗时时刻刻都在注视自己！人们的言行举止不只是对自己负责，更重要的是要对祖先负责，一句话：要对得起列祖列宗。人们的言行只有做到对得起列祖列宗，一个人在百年之后，其牌位才能进入家族祠堂。所以，一个人死后能否成为列祖列宗的一分子，这还得看其生前的表现。因此，在儒家社会，对一个人最大的惩罚，莫过于被家族扫地出门。

其次，家族中的老人受到特殊的尊重。这种特殊的荣誉，并不是因为年龄大而受到尊重，而是在儒家信仰中，是由他们出面主持家族的祭祀活动。人们尊重老人，尊重的是他们的品行！在儒家社会的信仰过程中，老人扮演的角色特殊。他们必须是忠实的儒家信仰楷模！在过去的两千多年，中国的老人们用自己的行动，忠实履行了自己的历史使命。正因为如此，中国社会才有尊敬老人这样一种独特的文化现象。

再次，家庭的重要地位。在儒家信仰中，家庭具有重要地位，因为它是人们精神活动的道场。在中国的传统文化中，过大年具有非常特殊的意义。因为在儒家信仰中，最重要的祭祀活动时间，就是在过年的这一段。每逢过年，各个家族都要举行隆重的祭祀活动。人们对列祖列宗的祭拜，是人们回家过年的精神寄托。回家团聚被赋予了精神上的解读。

孝悌，它是儒家信仰体系中不可或缺的一部分。它只与儒家信仰有关。没有孝悌，儒家信仰就无法传承。这就可以解释在中国以外的其他国家，为何不存在尊老敬老这种现象，因为其他国家没有儒家信仰。

三、礼的本质

礼，是根据道德理性的要求制定出来规章制度与行为规范。礼只与信仰有关。有什么样的信仰，就有什么样的道德理性要求；就有与之相对应的规章制度与行为规范。礼和法律共同发挥管理社会的职能。法律，约束人们的外在行为，防止人们的行为出轨；礼，约束人们的内在灵魂，防止人们的精神出轨。

礼的本质是：礼的地位高于法律。

在以孔子为代表的儒家社会，礼由两部分组成：一是礼的制订；二是思想教育。

首先，儒家礼的制订比较复杂，不仅要满足社会道德理性的要求，而且还要有与之相关的理论体系。我们知道，儒家信仰属于无神论信仰，仅仅提出道德理性的要求是没有用的。人们不可能无条件接受道德理性要求。所以，儒家的礼需要有一整套的理论体系做支撑。经过无数人的努力，最终形成了以四书五经为代表的儒家经典。

但是，仅有儒家经典还不够。还需要对人们进行思想教育。只有让人们更好地理解，才能有效地贯彻儒家理论。所以，在中国的封建社会，有大批的职业教书先生，他们通过办私塾的方式，在老百姓中间传播儒家理论。

在中国的儒家社会，礼的思想教育显得尤为重要。儒家信仰是一个被教育的过程，而不是一个被灌输的过程。

四、儒家主义思想体系

儒家的思想体系，由"仁""孝""礼"三部分组成。

在中国，以"仁"为核心的儒家社会，形成了中国的社会制度；以"孝"为核心的宗法制度和以"礼"为核心的礼乐制度，形成了中国的文化制度。"仁""孝""礼"共同形成了中国传统文化的核心。

儒家学说属于何种思想体系，理论界的争议从来就没有停止过。主要有这么两种观点：一种观点认为，传统的儒家社会从来就没有信仰；另一种观点则认为，传统的儒家社会就是儒教社会。

譬如："没有宗教，就不会有信仰。什么是信仰？严格地说，信仰就是对超自然，超世俗之存在坚定不移地相信，比如上帝和安拉。这样的存在不属于自然界，不能靠科学实验证明；也不属于人类社会，不能靠日常经验证明。没办法，只能信仰。这样的对象，华夏历来没有。我们之所以有，或者是自然的，荀子的天；或者说是世俗的，如墨子的义；或者既是自然的，又是世俗的，如孔子的命。"①

我们认为，在人类社会中，信仰并不是宗教的专利。譬如当下中国，社会主义建设如火如荼，人们信仰马列主义，人们为共产主义事业而奋斗。因此，拿宗教作为判断信仰的唯一标准，显然是值得商榷。

相对于"儒家信仰否定说"，另一种观点则是抬高儒家信仰，把儒家信仰视为"儒教"。

按照宗教的标准进行衡量，儒家学说在很多地方不达标，所以儒教的观点，同样是值得商榷。

---

① 见易中天中华史，《奠基者》，第167页。

我们认为：儒家学说的思想体系，可以用"儒家主义"来进行概括。

我们之所以把儒家学说称之为儒家主义，这与孔子定律有着非常大的联系。

第一，孔子定律强调克己——实践第一的观点。

第二，孔子定律强调复礼——实践是检验真理的唯一标准。

第三，孔子定律强调社会的变革是一个由量变到质变的过程——量变产生质变。

实践第一的观点和实践是检验真理的唯一标准，这些都属于唯物主义的范畴。而量变产生质变，则属于辩证法的范畴。虽然我们不能指望两千多年前的孔子是辩证唯物主义者，但孔子定律中的核心价值观，已经具有非常朴素的辩证唯物主义成分了。

儒家主义无论是理论还是实践，对我们当今社会而言，都具有重要的现实意义。继承和发扬中国的传统文化，可以有力地促进社会主义精神文明建设和发展。

五、儒家人的精神始祖

我们先看下表中历朝历代统治者对孔子追封。

时间	经过
汉平帝元始元年（公元元年）	追封"褒成宣尼公"
北魏孝文帝太和十六年（公元492年）	追封"文圣尼父"
北周静帝大象二年（公元580年）	追封"邹国公"
隋文帝开皇元年（公元581年）	追封"先师尼父"
唐太宗贞观二年（公元628年）	追封"先圣"，十一年（637）改称"宣父"
唐高宗乾封元年（公元666年）	赠"太师"

武周天绶元年（公元690年）	追封"隆道公"
唐玄宗开元二十七年（公元739年）	追封"文宣王"
宋真宗大中祥符元年（公元1008年）	加称"玄圣文宣王"，五年（1012）改称"至圣文宣王"
元成宗大德十一年（公元1307年）	追封"大成至圣文宣王"
明世宗嘉靖九年（公元1530年）	尊为"至圣先师"取消谥号，封号
清世祖顺治二年（公元1645年）	加尊"大成至圣文宣先师"，十四年（公元1657年）改称"至圣先师"

在过去的两千多年，中华民族是以儒家人的形式客观存在的。

我们常说，中华民族勤劳智慧。但这对于一个民族来说是远远是不够的。一个民族在其成长的过程中，必然要涉及教育问题。

那么，使我们民族受到良好教育的人是谁？毫无疑问，是孔子。孔子教导我们怎样做人，怎样做一个文明人。在过去的两千多年，孔子的儒家学说，成了我们民族的核心价值观，培育了一代又一代的儒家人。所以说，我们民族的历史，也是一部儒家人的历史。对于儒家人来说，他们始终有一个精神始祖：那就是孔子。正是因为有了孔子，我们民族才有了深厚的文化底蕴，成了一个高度文明发达的民族。

从历史的角度看，我们中华民族经历了从血缘融合向精神融合地转变。上面的这张图表就说明了这一问题。譬如北魏的鲜卑族政权，实现了血缘融合与精神融合的双重融合。而元朝和清朝，没有实现血缘融合（根本就不通婚），但是实现了民族之间的精神融合。历朝历代的统治者都视孔子为精神领袖。孔子的历史地位，得到历朝历代统治者的官方承认。

从世界的角度看，世界各民族之间的精神融合，是社会历史发展的必然趋势。

按照马克思主义理论，人类社会的终极目标是共产主义社会。而实现共产主义社会的前提条件，就是世界各民族的信仰一致——马克思主义。

六、论语的经典注释

经典注释体系化，是我们追求的目标。我们把论语的解读，放在儒家信仰的思想体系内来进行。这种解读容易让人理解，也比较有规律性。

我们举一个典型的例子。

老百姓都知道论语中的一句名言："唯女子与小人难养也。近之则不逊，远之则怨。"如果按照字面去理解，会让所有人犯难。因为谁都知道，这是一句对女同胞大不敬的话。

如果脱离了儒家信仰的思想体系，恐怕也就只能按照字面的意思去理解。但是，如果我们把这句话，放在儒家信仰的思想体系之内，则这句话的解读就变得非常容易。小人在这里特指儿童，意思是：妇女儿童难培养！培养什么？当然是指信仰！为什么说妇女儿童难培养呢？

我们先说儿童信仰培养难的问题。

儿童信仰培养难的难处，在于儿童的认知水平不够高。众所周知，任何一种信仰都要从儿童抓起，但信仰讲的都是大道理。把大道理讲给儿童听，而且还要儿童按照要求去做，这是一件容易的事情？至少孔子认为挺难的。他认为很容易出现以下两种情况：一种情况是来软的，苦口婆心式教育。但发现关系拉得再近也没有用，人家不理睬你，这叫"近之则不孙"；另一种情况是来硬的，棍棒式教育。但发现人家只会离你越来越疏远，恨得你牙疼，这叫"远之则怨"。

说完儿童培养难，我们再说说为什么女子培养也难的问题。

女子培养难的难处，在于封建社会的男女地位不平等。在我们社会主义社会实现了男女平等，妇女翻身得解放。人们信仰共产主义，是因为信仰给人们带来了确确实实的好处。但是在封建社会，男女社会地位的不平等，是无法通过信仰改变的。在同样的信仰面前，男女"同工不同酬"，或者说，女子做得再好也没有用。所以孔子认为，女子与儿童一样，都面临着"近之则不逊，远之则怨"之类的问题。

尽管原因各不相同，但产生的问题却一样，因此，孔子把女子小人（妇女儿童）归为一类。

类似的例子还有很多，我们就不一一举例了。总之，如果没有一个完整的儒家信仰体系，论语的解读在很多地方都是勉为其难的。

第二部分

《论语》新读

学而第一
共十六章

一

子曰:"学而时习之,不亦说乎?有朋自远方来,不亦乐乎?人不知而不愠,不亦君子乎?"

孔子讲:

"学知识并且反复体会,

不是很愉悦吗?

有朋友自远方来,

不是很快乐吗?

有时不被别人理解,

不怨天尤人,

不也是(很有修养的)君子吗?"

二

有子曰:"其为人也孝弟,而好犯上者,鲜矣;不好犯上,而好作乱者,未之有也。君子务本,本立而道生。孝弟也者,其为仁之本与!"

有子说:

"为人孝顺父母、敬爱兄长,

却又喜欢犯上,

这种矛盾的事情很少见;

不喜欢犯上,

却喜欢造反,

这种情况从来就没有见过。

君子做人，

不能忘了根本。

人的根本确立了，

正道也就由此产生了。

孝顺父母、尊敬兄长的这些准则，

应该是做文明人的基础吧！”

三

子曰：“巧言令色，鲜矣仁。”

孔子讲：

“花言巧语虚颜假色，

文明人是极少这样做的。”

四

曾子曰：“吾日三省吾身。为人谋而不忠乎？与朋友交而不信乎？传不习乎？”

曾子说：

“我每天多次反省自己。

替别人办事尽心尽力了吗？

与朋友交往以诚相待了吗？

老师每次传授的知识，

温习了吗？”

五

子曰：“道千乘之国，敬事而信，节用而爱人，使民以时。”

孔子讲：

"治理有一定实力的诸侯国，

就要办事认真，

恪守信用，

节省开支，

爱护民众，

不要在农忙时节差使百姓。"

六

子曰："弟子入则孝，出则弟，谨而信，泛爱众，而亲仁。行有余力，则以学文。"

孔子讲：

"孩子在家要孝敬父母，

在外要尊敬兄长，

（一个人做事情要踏实可靠，）

要说话谨慎，言而有信，

要有博爱之心，

要亲近文明人。

你如果还有精力，

就要读书和学习。"

七

子夏曰："贤贤易色；事父母，能竭其力；事君，能致其身；与朋友交，言而有信。虽曰未学，吾必谓之学矣。"

子夏说：

"（贤德之人，）

尊重贤者而看轻女色；

侍奉父母，

会竭尽全力；

侍奉君主，

会不惜生命；

结交朋友，

会信守承诺。

要说这些道理没人教过，

我可不信。

（这肯定不是天生的，）

这肯定是需要学习的。"

八

子曰："君子不重则不威，学则不固。主忠信。无友不如己者。过，则勿惮改。"

孔子讲：

"君子不自重就无威信，

学到的东西也难以巩固和遵守。

做人要忠信和有自知之明。

你周围的人，

皆有所长，

哪有不如自己的。

你如果有了过错，

就不要怕改正。"

九

曾子曰："慎终，追远，民德归厚矣。"

曾子说：

"认真办理亲人丧事，

祭祀祖先，

这样做，

将使民风淳厚，

道德有根基。"

十

子禽问于子贡曰："夫子至于是邦也，必闻其政，求之与？抑与之与？"子贡曰："夫子温、良、恭、俭、让以得之。夫子之求之也，其诸异乎人之求之与？"

子禽对子贡说：

"老师每到一处，

必了解其国政事

他是向人求教还是别人主动说的呢？"

子贡回答说：

"老师风度翩翩，

温、良、恭、俭、让，

让别人佩服他，

喜欢他，

什么事情都愿意告诉他。

老师所用的办法，

应该和别人的办法不同吧？"

十一

子曰："父在，观其志；父没，观其行。三年无改于父之道，可谓孝矣。"

孔子讲：

"观察一个人，

如父亲在世时，

就考察他的志向；

如父亲去世后，

就观察他的行为。

如果长期像父亲期望的那样，

则称其为孝子。"

十二

有子曰："礼之用，和为贵。先王之道斯为美；小大由之。有所不行，知和而和，不以礼节之，亦不可行也。"

有子说：

"礼的运用，

贵在和字。

圣明君主治理的国家，

这点做得很好；

无论大小事情，

都会照此办理。

但也有行不通的时候，

就是和气过了头，

这时如果不用礼来节制,

必然行不通。"

十三

有子曰:"信近于义,言可复也;恭近于礼,远耻辱也。因不失其亲,亦可宗也。"

有子说:

"给人的承诺,

要合情合理。

这样说出去的话才能兑现;

对人恭敬合乎礼,

才能(获得尊重)不遭羞辱,

这样一来,

周围的人都会过来亲近你,

相处就会(像家里人一样)可靠。"

十四

子曰:"君子食无求饱,居无求安,敏于事而慎于言,就有道而正焉,可谓好学也已。"

孔子讲:

"君子对吃饭不追求饱足,

对居住不追求安逸,

只追求做事勤快说话谨慎,

以及向有道德的人请教来匡正自己。

说来说去,

君子只是好学罢了。"

十五

子贡曰："贫而无谄，富而无骄，何如？"子曰："可也。未若贫而乐，富而好礼者也。"子贡曰："《诗》云：'如切如磋，如琢如磨。'其斯之谓与？"子曰："赐也，始可与言《诗》已矣！告诸往而知来者。"

子贡说：

"如果一个人，

贫穷而不阿谀奉承，

富贵而不骄傲自大，

这会怎样？"

孔子讲：

"这样好啊！

但是不如虽贫穷却乐观，

虽富裕却热衷于礼。"

子贡说：

"《诗经》上讲：

'像对待玉石一样，

先切料，

再锻造，

再雕琢，

再磨光。

说的就是这个意思吧？"

孔子讲：

"子贡呀，

现在我可以和你谈论《诗经》了！

你已经能举一反三触类旁通了。"

十六

子曰："不患人之不己知，患不知人也。"

孔子讲：

"不要担心别人不了解自己，

应当担心自己不了解别人。"

为政第二

共二十四章

一

子曰："为政以德，譬如北辰，居其所而众星共之。"

孔子讲：

"以德政管理国家，

就如天上的北极星，

周围的人都环绕簇拥着你。"

二

子曰："《诗》三百，一言以蔽之，曰'思无邪'。"

孔子讲：

"《诗经》三百篇，

可用一句话概括，

就是'思想纯正不虚伪'。"

三

子曰："道之以政，齐之以刑，民免而无耻；道之以德，齐之以礼，有耻且格。"

孔子讲：

"以政令治理百姓，

用刑罚制约百姓，

百姓虽可暂时免罪，

但不会因不服从而感到可耻。

政权依德而统治，

用礼教化民众，

人们不仅会有羞耻感，

而且会纠正错误走正路。"

四

子曰："吾十有五而志于学，三十而立，四十而不惑，五十而知天命，六十而耳顺，七十而从心所欲，不逾矩。"

孔子讲：

"我十五岁立志学习，

三十岁自立站稳脚跟，

四十岁矢志不渝不再迷惘，

五十岁而知天命，

六十岁听之任之，

七十岁随心所欲地说话做事，

不超越规矩。"

五

孟懿子问孝，子曰："无违。"樊迟御，子告之曰："孟孙问孝于我，我对曰'无违'。"樊迟曰："何谓也？"子曰："生，事之以礼；死，葬之以礼，祭之以礼。"

孟懿子问什么是孝，

孔子讲：

"不违礼节。"

有一次樊迟给孔子赶车的时候，

孔子告诉樊迟说：

"孟懿子曾问我什么是孝，

我告诉他说不违礼节。"

樊迟问：

"这话是什么意思呢？"

孔子讲：

"父母在世时，

按照礼节侍奉。

父母去世时，

按照礼制安葬。

按照礼制祭祀。"

六

孟武伯问孝，子曰："父母唯其疾之忧。"

孟武伯问什么是孝，

孔子讲：

"父母只担心孩子的身体健康。

（不给父母添麻烦，

就已经很孝了。）"

七 _____

子游问孝，子曰："今之孝者，是谓能养。至于犬马，皆能有养；不敬，何以别乎？"

子游问什么是孝，

孔子讲：

"现在所说的孝子，

指的是养活父母就行了。

即便狗和马，

也都有人饲养。

对父母没有敬意，

那和养犬养马有何区别？"

八 _____

子夏问孝，子曰："色难。有事，弟子服其劳；有酒食，先生馔，曾是以为孝乎？"

子夏问什么是孝，

孔子讲：

"子女在父母面前，

经常保持和颜悦色很难。

（孝要发自内心，

装是装不出来的。）

遇到事情，

由年轻人去做；

有好吃好喝的，

让老年人享用，

难道这样就能完全称之为孝呢？"

九

子曰："吾与回言终日，不违，如愚。退而省其私，亦足以发，回也不愚。"

孔子讲：

"我整天给颜回讲课，

他从不提出反对意见，

像个蠢人。

等他退下。

我观察他私下里同别人讨论时，

还发挥我讲的。

颜回这小子不笨呀。"

十

子曰："视其所以，观其所由，察其所安。人焉廋哉？人焉廋哉？"

孔子讲：

"看一个人的所作所为，

考察他处事动机，

了解他心安于何事，

那么，这个人的内心怎能掩盖呢？

这个人的内心怎能掩盖呢？"

十一

子曰："温故而知新，可以为师矣。"

孔子讲：

"重温学过的知识，

获得新的感悟，

这样子的人可以当老师了。"

十二

子曰："君子不器。"

孔子讲：

"君子哪能像一个器具，

只具备某种功能。

（而是要成为一个全才，

具备多种才能和技艺。）"

十三

子贡问君子，子曰："先行其言而后从之。"

子贡问什么是君子，

孔子讲：

"先把答应过的事情兑现，

再说下面的事。"

十四

子曰："君子周而不比，小人比而不周。"

孔子讲：

"君子以正道广泛交友而不勾结。

小人勾结而不顾道义。"

十五

子曰："学而不思则罔，思而不学则殆。"

孔子讲：

"只学习但不思考，

只会迷惘无所得。

有思考但不学习，

只会不切于事而感到疑惑不解。"

十六

子曰："攻乎异端，斯害也已。"

孔子讲：

"做事情过或不及，

都是祸害。"

十七

子曰："由！诲女知之乎！知之为知之，不知为不知，是知也。"

孔子讲：

"子贡呀，

我教你的懂了吗？

知道的就是知道，

不知道的就是不知道不要装懂，

这就是正确的求知态度和真正的智慧。”

十八

子张学干禄。子曰：“多闻阙疑，慎言其余，则寡尤；多见阙殆，慎行其余，则寡悔。言寡尤，行寡悔，禄在中矣。”

子张问如何求取官职俸禄，

孔子讲：

“多听别人意见，不明白的事搁置，

谨慎说出懂的，就少犯错；

多看别人行事，不明白的事就放心里，

谨慎实行懂的，就减少事后懊悔。

说话少犯错，行动少后悔，

自然可得官职俸禄。”

十九

哀公问曰：“何为则民服？”孔子对曰：“举直错诸枉，则民服；举枉错诸直，则民不服。”

鲁哀公问：

“怎样才能让老百姓服从呢？”

孔子回答：

“任用正直走正道的人位居不正直的人之上，

民众就服；

任用歪门邪道的人居于正直的人之上，

老百姓就不服。”

二十

季康子问："使民敬、忠以劝，如之何？"子曰："临之以庄，则敬；孝慈，则忠；举善而教不能，则劝。"

季康子问：

"如何得到民众的崇敬、

让他们忠心耿耿并且互相勉励？"

孔子讲：

"你对老百姓态度认真庄重，

他们就会尊敬你；

你孝敬父母，爱护幼小，

他们就会忠心耿耿；

如任用贤能之人，

教导能力低下的人，

他们就会互勉。"

二十一

或谓孔子曰："子奚不为政？"子曰："《书》云：'孝乎惟孝，友于兄弟，施于有政。'是亦为政，奚其为为政？"

有人问孔子：

"你为什么不从事政治呢？"

孔子讲：

"《尚书》上讲：

'孝呀，

孝于父母，

推及友爱兄弟，

孝悌精神就会作用于政治'。

这就是政治嘛,

干吗非要做官才算从事政治呢?"

二十二

子曰:"人而无信,不知其可也。大车无輗,小车无軏,其何以行之哉?"

孔子讲:

"人没有信用,

不知道他怎么办。

就像牛车横木没有活键,马车横木少了关扣,

如何行走? "

二十三

子张问:"十世可知也?"子曰:"殷因于夏礼,所损益,可知也;周因于殷礼,所损益,可知也。其或继周者,虽百世,可知也。"

子张问:

"十代以后的事情可以预知吗? "

孔子讲:

"殷朝继承了夏朝的礼制,

其内容是增是减,

其实是知道的;

周朝继承了殷朝的礼制,

其内容是增是减,

其实也是知道的。

即使将来有继承周朝的朝代,

就算一百代之后，

它的礼制是啥样也是能知道的。"

二十四

子曰："非其鬼而祭之，谄也。见义不为，无勇也。"

孔子讲：

"祭祀不该祭祀的鬼神，

是谄媚。

遇到伸张正义的事情就躲，

是懦弱没有勇气的。"

八佾第三

共二十六章

一

孔子谓季氏："八佾舞于庭，是可忍也，孰不可忍也？"

孔子评论季氏时说：

"居然在家里用八佾表演舞蹈，

这可是天子专用的，

如果这种事情都能狠心做出来，

那还有什么事情不能狠心做出来呢？"

二

三家者以雍彻。子曰："'相维辟公，天子穆穆'，奚取于三家之堂？"

鲁国三大氏族孟孙、叔孙、季孙家祭祀祖先，

使用《雍》赞唱以撤祭品。

孔子讲：

"'四方诸侯，

都来助祭，

天子仪容，

美好静穆。'

《雍》这诗句，

怎能在这三家祭祖的庙堂上唱呢？"

三

子曰："人而不仁，如礼何？人而不仁，如乐何？"

孔子讲：

"一个人如果不文明没仁德，

怎么对待礼仪制度呢？

一个人如果不文明没仁德，

怎么对待音乐呢？"

四

林放问礼之本。子曰："大哉问！礼，与其奢也，宁俭；丧，与其易也，宁戚。"

林放问礼的本质是什么。

孔子讲：

"问得好！意义重大啊！

就一般的礼仪来说，

与其面面俱到处处妥帖，

不如朴素节俭；

就办丧事而言，

与其大操大办，

不如内心真正悲伤。"

五

子曰："夷狄之有君，不如诸夏之亡也。"

孔子讲：

"野蛮部族虽有君主而无礼节，

不如中原各国即使没有君主而讲礼节。"

六

季氏旅于泰山。子谓冉有曰："女弗能救与？"对曰："不能。"子曰："呜呼！曾谓泰山不如林放乎？"

季氏要去祭祀泰山。

孔子对冉有说：

"你不能阻止这件事吗？"

冉有回答说：

"不能。"

孔子讲：

"哎呀（连林放都懂的道理），

难道说泰山之神还不如林放，

去接受季氏越礼的祭祀吗？"

七

子曰："君子无所争，必也射乎！揖让而升，下而饮。其争也君子。"

孔子讲：

"君子不和人争，

如果说一定要有竞争，

无非就是射箭比赛！

他们相互作揖谦让，

上堂比赛，

赛毕下来再喝酒。

这样的竞争，

也是君子风范啊。"

八

子夏问曰："'巧笑倩兮，美目盼兮，素以为绚兮。'何谓也？"子曰："绘事后素。"子夏曰："礼后乎？"子曰："起予者商也，始可与言《诗》已矣。"

子夏问：

"'漂亮的脸蛋笑得美，

明亮的眼睛真妩媚，

用素粉妆扮得楚楚动人。'

这最后一句是指什么呢？"

孔子讲：

"就像绘画一样，

绘画要先有白底，

后面才能绘出好的画来。"

子夏说：

"这么说来，

礼也在后面吧？"

孔子讲：

"对我有启发的人是你商呀，

现在可以和你谈《诗经》了。"

九

子曰："夏礼，吾能言之，杞不足征也；殷礼，吾能言之，宋不足征也。文献不足故也。足，则吾能征之矣。"

孔子讲：

"夏朝的礼仪制度，

我能说出来，

但它的后代杞国已不够做印证；

殷朝的礼仪制度，

我能说出来，

但它的后代宋国已不够做印证。

因为杞国和宋国他们的资料太不充分了。

如果资料充足，

我就可以用它们做印证了。"

十

子曰："禘自既灌而往者，吾不欲观之矣。"

孔子讲：

"对于禘祭的大典，

（必须合礼合法。）

（如果是违礼的逆祭，）

第一次献酒之后，

我就不想再看下去了。"

十一

或问禘之说，子曰："不知也。知其说者之于天下也，其如示诸斯乎！"指
其掌。

有人问关于禘祭的内容，

孔子讲：

"我不知道。

知道的人对治理天下事

就会像握在这里一样。"

孔子一面说，

一面指着他的手掌。

十二

祭如在，祭神如神在。子曰："吾不与祭，如不祭。"

孔子在祭祀祖先时，

好像祖先真的在那里。

祭神的时候，

好像神真的在那里。

孔子讲：

"我如果不亲自参加祭祀，

（让人代祭，）

那祭了就跟没祭一样。"

十三

王孙贾问曰："与其媚于奥，宁媚于灶，何谓也？"子曰："不然。获罪于天，无所祷也。"

王孙贾问道：

"与其巴结奥神（这个大王），

不如巴结灶神（这个小王），

这话什么意思？"

孔子讲：

"不对。

如果得罪了上天，到什么地方祷告也没用，

巴结谁也没有用。"

十四

子曰："周监于二代，郁郁乎文哉！吾从周。"

孔子讲：

"周代的礼乐制度，

借鉴了夏商两代，

多么丰富多彩呀！

我是赞同周朝的。"

十五

子入太庙，每事问。或曰："孰谓鄹人之子知礼乎？入太庙，每事问。"子闻之，曰："是礼也。"

孔子进入太庙，

每件事情都要问一问。

有人议论道：

"谁说鄹县大夫那个人的儿子懂礼呢？

他走进太庙，

每件事都要问。"

孔子听到后说：

"这样本身就是礼。"

十六

子曰："射不主皮，为力不同科，古之道也。"

孔子讲：

"射箭的礼仪在于射中目标，

而不是贯穿靶子比谁劲大，

这是自古以来的规矩。"

十七

子贡欲去告朔之饩羊。子曰："赐也！尔爱其羊，我爱其礼。"

鲁国每月初一祭祖庙，

都要宰一只活羊，

子贡想取消。

孔子讲：

"子贡呀！

你舍不得那只羊，

我舍不得那个礼。"

十八

子曰: "事君尽礼, 人以为谄也。"

孔子讲:

"我完全按照礼的规定,

来侍奉国君,

别人反而认为这是谄媚。"

十九

定公问: 君使臣, 臣事君, 如之何? 孔子对曰: "君使臣以礼, 臣事君以忠。"

鲁定公问:

"君主使唤臣子,

臣子侍奉国君,

各应当怎样做呢?"

孔子回答:

"君主按照礼的要求去使唤臣下,

臣子应该用忠心真心服侍君主了。"

二十

子曰: "《关雎》, 乐而不淫, 哀而不伤。"

孔子讲:

"《关雎》这首诗,

快乐而不放荡,

悲哀而不悲伤。"

二十一

哀公问社于宰我。宰我对曰："夏后氏以松，殷人以柏，周人以栗，曰：使民战栗。"子闻之，曰："成事不说，遂事不谏，既往不咎。"

鲁哀公问宰我，

制作祭祀土地神的牌位，

应该使用什么木料。

宰我回答说：

"夏朝的人用松木，

殷朝的人用柏木，

周朝的人用栗木，

周朝人的意思：

目的是使民众战战栗栗。"

孔子后来听说了此事，

对宰我批评说：

"过去的事情就不再解释了，

已完成而无法挽回的事情就不再劝谏了，

已经过去的事情也就不再追究了。"

二十二

子曰："管仲之器小哉！"或曰："管仲俭乎？"曰："管氏有三归，官事不摄，焉得俭？""然则管仲知礼乎？"曰："邦君树塞门，管氏亦树塞门。邦君为两君之好，有反坫，管氏亦有反坫。管氏而知礼，孰不知礼？"

孔子讲：

"（作为著名的宰相，）

管仲的胸襟很狭小！"

有人问：

"管仲节俭吗？"

孔子讲：

"管仲有三处豪华公馆，

养三拨人为他打理，

怎么能算节俭？"

那人又问：

"那么管仲知礼吗？"

孔子讲：

"国君的宫殿门前立影壁，

他家门前就立影壁。

国君设宴招待贵宾时堂上设置放空酒器的土台，

他家待客也如此设土台。

如果说管仲也算懂得礼节，

那天下谁不懂得礼节呢？"

二十三

子语鲁大师乐，曰："乐其可知也。始作，翕如也；从之，纯如也，皦如也，绎如也，以成。"

孔子正在与鲁国乐官交流音乐，

孔子讲：

"音乐演奏过程是可以了解的：

开始的时候是大合奏，

热热烈烈；

继而是曲调优美，

和谐纯净，

这样回旋往复，

余音袅袅。

在感到还有幽幽未尽之意的时候，

演奏结束。"

二十四

仪封人请见，日："君子之至于斯也，吾未尝不得见也。"从者见之。出曰："二三子何患于丧乎？天下之无道也久矣，天将以夫子为木铎。"

一个仪地的边防小官，

请求孔子接见他。

这个人说：

"贤德的人到了我这个地方，

我没有不见的。"

孔子的学生们带他去见了孔子。

出来后他说道：

"诸位，

不必忧虑你们老师失去官职，

天下无道的时间已经很长了，

上天把你们老师派来，

是专门传播正道的圣人。"

二十五

子谓《韶》："尽美矣，又尽善也。"谓《武》："尽美矣，未尽善也。"

孔子评论《韶》乐说：

"优美极了，

内容也好极了。"

谈到《武乐》说：

"武乐也优美，

但内容还不够好。"

二十六

子曰："居上不宽，为礼不敬，临丧不哀，吾何以观之哉？"

孔子讲：

"位居高位的人，

待下属不能宽宏大量，

行礼时不能恭敬严肃，

居丧时没有痛苦悲伤的表情，

这行为我怎能看得下去呢？"

里仁第四

共二十六章

一

子曰："里仁为美。择不处仁，焉得知？"

孔子讲：

"选择居住在文明的地方才叫好。

选择不文明的地方居住，

哪能算是明智呢？"

二

子曰：不仁者不可以久处约，不可以长处乐。仁者安仁，知者利仁。

孔子讲：

"没有信仰的人，

不会长久地安处于贫困之中，

也不能长久地安处于安乐之中。

文明人执着于信仰，

聪明的人知道信仰最终会带来益处。"

三

子曰："唯仁者能好人，能恶人。"

孔子讲：

"唯有文明人，

知道喜欢（什么样的）人，

知道厌恶（什么样的）人。"

四

子曰："苟志于仁矣，无恶也。"

孔子讲：

"决心做文明人，

也就不会做坏事了。"

五

子曰："富与贵，是人之所欲也，不以其道得之，不处也；贫与贱，是人之所恶也，不以其道得之，不去也。君子去仁，恶乎成名？君子无终食之间违仁，

造次必于是，颠沛必于是。"

孔子讲：

"富与贵，

是人人都想要的，

但是凭不正当的方式取得，

君子是不会享有的；

贫与贱，

是人人都厌恶的，

但通过不正当的方式摆脱它，

君子是不会这么做的。

君子如果拒绝信仰，

又怎能叫作君子呢？

君子一刻哪怕是吃饭时也离不开信仰，

匆忙急促的时候是这样，

颠沛流离的时候也是这样。"

六

子曰："我未见好仁者，恶不仁者。好仁者，无以尚之；恶不仁者，其为仁矣，不使不仁者加乎其身。有能一日用其力于仁矣乎？我未见力不足者。盖有之矣，我未之见也。"

孔子讲：

"我还没有看到，

（人们）喜欢做文明人，

（人们）厌恶不文明的人。

喜欢做一个文明人，

那是再好不过，

因为他知道文明之美好；

厌恶不文明的人，

必能去除自身的不文明，

否则浑身难受。

哪怕只花上一天时间，

做一天文明人不是也行吗？

我还没见过说下功夫去做，

还力不从心做不到的人。"

七

子曰："人之过也，各与其党。观之，斯知仁矣。"

孔子讲：

"人所犯的错误，类型不一，

与他是哪一类人有关。

观察一个人所犯的错误，

就知道他是什么样的人。"

八

子曰："朝闻道，夕死可矣。"

孔子讲：

"早晨能把真理的事情弄明白了，

即使晚上死去，

也没有遗憾可以瞑目了。"

九

子曰："士志于道，而耻恶衣恶食者，未足与议也。"

译文

孔子讲：

"有抱负的人，

致力于探求真理，

如果只羞耻于衣服不好、饭菜不好，

就不值得与他讨论问题了。"

十

子曰："君子之于天下也，无适也，无莫也，义之与比。"

译文

孔子讲；

"君子对待天下的事情，

没有规定一定要怎么做，

没有规定一定不要怎么做，

只以正当合理作为衡量标准。"

十一

子曰："君子怀德，小人怀土；君子怀刑，小人怀惠。"

译文

孔子讲；

"君子关心自己的德行修养，

小人关心自己的一亩三分地；

君子关心刑罚与法度，

小人关心私利与恩惠。"

十二

子曰："放于利而行，多怨。"

孔子讲：

"如果什么事情，

都依据个人利益而行动，

就会招致很多怨恨。"

十三

子曰："能以礼让为国乎？何有？不能以礼让为国，如礼何？"

孔子讲：

"能够用礼让原则来治理国家吗？

那样还有什么困难呢？

如果不用礼让原则来治理国家，

那怎能保证礼的实行呢？"

十四

子曰："不患无位，患所以立。不患莫己知，求为可知也。"

孔子讲：

"不要担心没有职位，

需要担心的，

是自己没有胜任职位的能力。

不要担心没有人知道自己，

需要担心的，

是自己有真才实学，

值得为人们所知道。"

十五

子曰："参乎！吾道一以贯之。"曾子曰："唯。"子出，门人问曰："何谓也？"曾子曰："夫子之道，忠恕而已矣。"

孔子讲：

"曾参呀，

我的学说可用一个根本原则贯通。"

曾参回答说：

"是的。"

孔子出去后，

别的学生问曾参：

"老师刚才说的是什么意思？"

曾参说：

"老师的学说，

只不过是忠和恕罢了。"

十六

子曰："君子喻于义，小人喻于利。"

孔子讲：

"君子懂得的是义，

小人懂得的是利。"

十七

子曰："见贤思齐焉，见不贤而内自省也。"

孔子讲：

"看见贤德之人，

就要向他看齐。

看见不贤德之人，

就要自己反省有没有类似的毛病。"

十八

子曰："事父母几谏，见志不从，又敬不违，劳而不怨。"

孔子讲：

"侍奉父母时，

看见他们有不对的地方，

轻微婉转地劝谏就行了。

他们如果不听，

不听也就算了。

要恭恭敬敬，

不要触犯他们。

要任劳任怨，

对父母不能发脾气。"

十九

子曰："父母在，不远游，游必有方。"

孔子讲：

"父母在世时，

就不要出门远游。

如果需要出门远游，一定要有准备去向，

必须让父母明确知道你在哪儿。"

二十

子曰："三年无改于父之道，可谓孝矣。"

孔子讲：

"长期不改变父亲所坚持的原则，

可称其为孝子了。"

二十一

子曰："父母之年，不可不知也。一则以喜，一则以惧。"

孔子讲：

"父母的年纪，

不能不记在心上。

一方面，

为他们健康长寿而高兴，

另一方面，

又为他们日益衰老而忧愁。"

二十二

子曰："古者言之不出，耻躬之不逮也。"

孔子讲：

"古人不轻易表态。

怕说出来没做到，

被认为是很可耻的事儿呀。"

二十三

子曰："以约失之者鲜矣。"

孔子讲：

"约束自己而犯过失的情况，

是很少见的。"

二十四

子曰："君子欲讷于言而敏于行。"

孔子讲：

"君子说话，

应该慎之又慎。

君子做事，

应该勤奋敏捷。"

二十五

子曰："德不孤，必有邻。"

孔子讲：

"讲道德的人不会孤单，

必有人与他为伴。"

二十六

子游说："事君数，斯辱矣；朋友数，斯疏矣。"

子游说：

"侍奉君主，

进谏次数过多，

就会倒霉，

自取其辱；

对待朋友，

如果劝告次数过多，

就会被朋友远离。"

公冶长第五
共二十八章

一

子谓公冶长："可妻也。虽在缧绁之中，非其罪也。"以其子妻之。

孔子对公冶长的评价是：

"可以把女儿嫁给他。

虽然他蹲过监狱，

但不是他的罪过。"

于是把自己的女儿嫁给他了。

二

子谓南容："邦有道，不废；邦无道，免于刑戮。"以其兄之子妻之。

孔子对南荣的评价是：

"国家政治贤明时，

他不会被罢免；

国家政治昏庸无道时，

他也能避其殃祸免于刑罚。"

于是把自己兄长的女儿嫁给了他。

三

子谓子贱："君子哉若人！鲁无君子者，斯焉取斯？"

孔子对子贱的评价是：

"这个人，

真是个君子啊！

谁说鲁国没有君子呀，

否则他从哪里学这样的好品德呢？"

四

子贡问曰："赐也何如？"子曰："女器也。"曰："何器也？"曰："瑚琏也。"

子贡问孔子：

"我这个人咋样？"

孔子讲：

"你像一件器物。"

子贡接着问：

"是什么器物？"

孔子回答说：

"（非常贵重的器物）瑚琏。"

五

或曰："雍也仁而不佞。"子曰："焉用佞？御人以口给，屡憎于人。不知其仁，焉用佞？"

有人说：

"冉雍这个人虽然很文明有仁德，

但没口才。"

孔子讲：

"何必要口才？

同别人争辩巧舌如簧，

这常常让人厌恶。

冉雍这人是不是个文明人，

这一点儿我不是很清楚，

但何必强调口才呢？"

六

子使漆雕开仕。对曰："吾斯之未能信。"子说。

孔子叫漆雕开去做官。

漆雕开回答说：

"我现在对做官还没有自信。"

孔子听了感到高兴。

七

子曰："道不行，乘桴浮于海，从我者其由与？"子路闻之喜，子曰："由也好勇过我，无所取材。"

孔子讲：

"真理在这里行不通了，

我打算乘木排到海外去，

跟随我去海外的人，

大概只有子路一个人吧？"

子路听了非常高兴。

孔子讲：

"子路啊，

你的勇敢精神胜过我，

但我们无处找做木排的材料啊。"

八

孟武伯问："子路仁乎？"子曰："不知也。"又问。子曰："由也，千乘之国，可使治其赋也，不知其仁也。""求也何如？"子曰："求也，千室之邑、百乘之家，可使为之宰也，不知其仁也。""赤也何如？"子曰："赤也，束带立于朝，可使与宾客言也，不知其仁也。"

孟武伯问：

"子路够得上文明人吗？"

孔子讲：

"不知道。"

孟武伯又问。

孔子讲：

"仲由嘛，

在一个拥有一千辆兵车的诸侯国，

可以让他执掌军事。

至于他是否够标准，

我还不好说。"

孟武伯又问：

"冉求怎么样？"

孔子：

"冉求嘛，

在一个拥有千户规模的大邑，

百辆兵车的封地，

可以让他做总管。

至于他是否够标准，

我也不好说。"

孟武伯还问：

"那公西赤呢？"

孔子讲：

"公西赤嘛，

穿上礼服，

站在朝廷之上，

让他接待宾客没有问题。

然而是否能够达标，

这我还是不知道。"

九

子谓子贡曰："女与回也孰愈？"对曰："赐也何敢望回？回也闻一以知十，赐也闻一以知二。"子曰："弗如也，吾与女弗如也。"

孔子对子贡说：

"你与颜回比谁强？"

子贡回答说：

"我怎敢和颜回相比呢？

颜回懂得一个道理，

就会举一反十，

我知道一个道理，

只能举一反二。"

孔子讲：

"你的确是比不上他，

我和你都赶不上他。"

十

宰予昼寝，子曰："朽木不可雕也，粪土之墙不可杇也。于予与何诛？"子曰："始吾于人也，听其言而信其行；今吾于人也，听其言而观其行。于予与改是。"

宰予大白天睡觉，

孔子讲：

"腐朽的木头，

无法再雕刻，

落满粪土的墙壁，

无法再粉刷。

对于宰予这样的人，

我还能对他怎么批评呢？"

孔子又说：

"当初我看一个人，

是听了他的话就相信他的行为；

现在看一个人，

我不止听他说什么，

还要观察一下他的行为，

这种情况，

我是经过宰予的事情之后改变的。"

十一

子曰:"吾未见刚者。"或对曰:"申枨。"子曰:"枨也欲,焉得刚?"

孔子讲:

"我没见过真正刚强不屈的人。"

有人回答:

"申枨算吗?"

孔子讲:

"申枨么,

他私欲太多,

怎能做到坚强不屈?"

十二

子贡曰:"我不欲人之加诸我也,吾亦欲无加诸人。"子曰:"赐也,非尔所及也。"

子贡说:

"我不希望别人把不合情理的事情强加于我,

我也不愿意把不合情理的事情强加别人。"

孔子讲:

"子贡呀,

这不是你所能办到的事情。"

十三

子贡曰:"夫子之文章,可得而闻也;夫子之言性与天道,不可得而闻也。"

子贡说:

"老师传授诗书礼乐的学问，

我们可以听到且感同身受；

可有关人的本性和天理的论述，

我们从来没听到过。"

十四

子路有闻，未之能行，唯恐有闻。

子路听说了什么道理，

如果没有马上去实践，

生怕耽误下一个道理（的实践）。

十五

子贡问曰："孔文子何以谓之'文'也？"子曰："敏而好学，不耻下问，是以谓之'文'也。"

子贡问道：

"孔文子这个人凭什么谥他'文'呢？"

孔子讲：

"他聪明好学，

无论是谁，

他都可以不顾面子，

虚心求教，

所以谥他'文'。"

十六

子谓子产："有君子之道四焉：其行己也恭，其事上也敬，其养民也惠，其使民也义。"

孔子对子产的评价是：

"他具有君子的四种道德品行：

他自己的行为显得谦逊，

他侍奉君主谨慎认真，

他养护百姓有恩惠，

他役使百姓合情合理合法。"

十七

子曰："晏平仲善与人交，久而敬之。"

孔子讲：

"晏平仲擅长与人交往，

交往愈久，

别人愈尊敬他。"

十八

子曰："臧文仲居蔡，山节藻棁，何如其知也？"

孔子讲：

"臧文仲给蔡地出产的乌龟盖房子，

还雕梁画栋，

（把一只乌龟当神供着，）

他这还能叫有智慧吗？"

十九

子张问曰："令尹子文三仕为令尹，无喜色；三已之，无愠色。旧令尹之政，必以告新令尹。何如？"子曰："忠矣。"曰："仁矣乎？"曰："未知。焉得仁？""崔子弑齐君，陈文子有马十乘，弃而违之。至于他邦，则曰：'犹吾大夫崔子也。'违之。之一邦，则又曰：'犹吾大夫崔子也。'违之，何如？"子曰："清矣。"曰："仁矣乎？"曰："未知，焉得仁？"

子张问道：

"楚国的令尹子文多次做令尹，

不见他有高兴的表情，

多次被罢官，

也不见他有怨恨的神色，

每次卸任，

都做好交接工作，

由此看来，

这人怎样？"

孔子讲：

"可以算是忠于职守了。"

子张又问：

"够得上文明人的标准吧？"

孔子讲：

"那可不晓得，

不能这样就算是一个文明人吧？"

子张又问：

"崔子杀了国君齐庄王以后，

陈子文放弃家产远走他乡，

来到了另一个国家。

他说道：

'这里当权者怎么跟齐国崔子一个样。'

于是他又来到了下一个国家。

他又说：

'怎么还是一路货色。'

于是他又离开了。

像陈子文这样的人，

该怎样评价呢？"

孔子讲：

"算得上清高吧。"

子张问：

"他够得上文明人的标准吗？"

孔子说：

"不晓得，

恐怕还不够吧？"

二十

季文子三思而后行。子闻之，曰："再，斯可矣。"

季文子每办一件事，

都要反复考虑后才去做。

孔子知道后讲：

"考虑两次就可以了。"

二十一

子曰："宁武子，邦有道，则知；邦无道，则愚。其知可及也，其愚不可及也。"

孔子讲：

"宁武子这个人，

国家政治贤明时，

他就显得聪明；

国家政治昏暗时，

他就装傻。

他那人的聪明，

别人学得会。

他那人的装傻，

别人就学不会也赶不上。"

二十二

子在陈，曰："归与！归与！吾党之小子狂简，斐然成章，不知所以裁之。"

孔子在陈国时说：

"回去吧！

回去吧！

我家乡的弟子们。

他们虽然经验不足，

行为粗疏，

但志向远大，

文采飞扬。

但他们不知如何节制自己。"

二十三

子曰："伯夷、叔齐不念旧恶，怨是用希。"

孔子讲：

"伯夷、叔齐，

他们不记仇，

因此别人对他们的怨恨就少。"

二十四

子曰："孰谓微生高直？或乞醯焉，乞诸其邻而与之。"

孔子讲：

"是谁说过，

微生高这人直爽呀？

有人向他讨要点儿醋，

他却向邻居要来给人家。"

二十五

子曰："巧言、令色、足恭，左丘明耻之，丘亦耻之。匿怨而友其人，左丘明耻之，丘亦耻之。"

孔子讲：

"花言巧语，

虚颜假色，

过分恭顺，

这些左丘明认为是可耻的，

我也这么认为。

掩饰自己的怨恨，

却与别人表面交朋友，

左丘明认为这是可耻的，

我也这么认为。"

二十六

颜渊、季路侍，子曰："盍各言尔志？"子路曰："愿车马、衣轻裘与朋友共，敝之而无憾。"颜渊曰："愿无伐善，无施劳。"子路曰："愿闻子之志。"子曰："老者安之，朋友信之，少者怀之。"

颜渊、子路陪在孔子身边，

孔子讲：

"你们为什么不说说各自的志向呢？"

子路说：

"我愿意拿自己的车马衣服与朋友共享，

用坏了也不遗憾。"

颜渊说：

"我不炫耀自己的长处，

不表彰自己的功劳。"

子路说：

"愿听老师的志向。"

孔子讲：

"老人们都得到安顿，

朋友之间相互信任，

孩子们都得到关怀。"

二十七

子曰："已矣乎！吾未见能见其过而内自讼者也。"

孔子讲：

"算了吧！

我还没见过一个人能发现自己的过错，

就在内心自我责备的人呀。"

二十八

子曰："十室之邑，必有忠信如丘者焉，不如丘之好学也。"

孔子讲：

"在有十户人家聚集的地方，

就有像我这样忠实可靠又守信的人，

只是没有像我这么喜欢学习的人罢了。"

雍也第六

共三十章

一

子曰："雍也可使南面。"

孔子讲：

"冉雍啊，

以你的才能，

做大官是没有问题的。"

二

仲弓问子桑伯子。子曰："可也简。"仲弓曰："居敬而行简，以临其民，不亦可乎？居简而行简，无乃大简乎？"子曰："雍之言然。"

仲弓问桑伯子这人怎样。

孔子讲：

"不错，

他处理问题简单明了。"

仲弓说：

"如果态度严肃认真而办事简明，

用这种方法治理百姓，

不是也可以吗？

如果态度马虎粗疏而只是办事简明，

用这种方法治理百姓，

是不是也过于简单了？"

孔子讲：

"你说得对。"

三

哀公问："弟子孰为好学？"孔子对曰："有颜回者好学，不迁怒，不贰过。不幸短命死矣。今也则亡，未闻好学者也。"

鲁哀公问：

"你的学生中哪一个最爱学习？"

孔子回答说；

"有一个叫颜回的学生很好学，

他不迁怒于别人，

也不重犯同样的错误。

不幸短命死了。

现在就没有这样的人，

没有什么好学的人了。"

四

子华使于齐，冉子为其母请粟，子曰："与之釜。"请益。曰："与之庾。"冉子与之粟五秉。子曰："赤之适齐也，乘肥马，衣轻裘。吾闻之也，君子周急不继富。"

子华出使到齐国去，

冉有替子华的母亲求情，

希望孔子送点儿小米。

孔子讲：

"给她六斗四升吧。"

冉子请求多给些，

孔子讲：

"再给她两斗四升。"

冉子（嫌孔子抠，）

结果给了八百斗。

孔子讲：

"公西赤到齐国去，

骑肥马，

穿的是轻暖的皮袍，

我听人说：

君子需要帮助的是有紧急需要的穷人，

而不是救济那些富人。"

五

原思为之宰，与之粟九百，辞。子曰："毋，以与尔邻里乡党乎！"

原思在孔子家做总管，

孔子给他九百斗小米做俸禄，

他推辞不要。

孔子讲：

"不要推辞，

多余的拿去给你家乡的乡亲吧！"

六

子谓仲弓，曰："犁牛之子骍且角，虽欲勿用，山川其舍诸？"

孔子谈及冉雍时说：

"（他虽出身卑微，

但英雄不问出处。）

就像耕牛生的小牛犊，

却长着金红色的毛和整齐的角，

不用它作为祭祀时的珍贵祭品，

神灵会答应吗？"

七

子曰："回也，其心三月不违仁，其余则日月至焉而已矣。"

孔子讲：

"颜回呀，

他的内心深处，

可以长期不违背信仰。

而其他的人呀，

只能在短时间内，

偶尔做到而已。"

八

季康子问："仲由可使从政也与？"子曰："由也果，于从政乎何有？"曰："赐也可使从政也与？"曰："赐也达，于从政乎何有？"曰："求也可使从政也与？"曰："求也艺，于从政乎何有？"

季康子问：

"子路可以管理政事吗？"

孔子讲：

"子路果断，

他管理政事有何困难？"

季康子又问：

"子贡可以管理政事吗？"

孔子讲：

"子贡明事理，

他管理政事有何困难？"

季康子再问：

"冉有可以管理政事吗？"

孔子讲：

"冉有多才多艺，

他管理政事有什么问题吗？"

九

季氏使闵子骞为费宰，闵子骞曰："善为我辞焉！如有复我者，则吾必在汶上矣。"

季氏派人通知闵子骞让他当费邑的长官。

闵子骞对来人说：

"好好代我婉言谢绝吧！

如果再来召我的话，

那我就肯定跑到汶水那边去。"

十

伯牛有疾，子问之，自牖执其手，曰："亡之，命矣夫！斯人也而有斯疾也！斯人也而有斯疾也！"

弟子伯牛生病了，

孔子去探望他，

从窗口握住他的手说：

"没有办法，

真是命啊！

这样的人竟能生这样的病！

这样的人竟能生这样的病啊！"

十一

子曰："贤哉回也！一箪食，一瓢饮，在陋巷，人不堪其忧，回也不改其乐。贤哉，回也！"

孔子讲：

"多么贤德的颜回呀！

一筒饭，

一瓢水，

住在陋巷里，

别人受不了这份穷困的忧愁，

颜回却照样快乐，

颜回真是贤德啊！"

十二

冉求曰："非不说子之道，力不足也。"子曰："力不足者，中道而废，今女画。"

冉求说：

"我并非不喜欢老师的主张，

只是心有余而力不足。"

孔子讲：

"所谓力不够，

是指途中已用尽全力，

不得已才放弃。

可你现在还没有用力，

就自己给自己找借口。"

十三

子谓子夏曰："女为君子儒，无为小人儒。"

孔子对子夏讲：

"你要做君子般的儒家人，

切不可做小人般的儒家人。"

十四

子游为武城宰，子曰："女得人焉尔乎？"曰："有澹台灭明者，行不由径，非公事，未尝至于偃之室也。"

孔子学生子游当了武城地方的长官，

孔子讲：

"你在那里得到优秀人才了吗？"

子游说：

"有个叫澹台灭明的人，

他走路不抄近道。

只要不是公事，

他从不到我屋里来。"

十五

子曰："孟之反不伐，奔而殿，将入门，策其马，曰：'非敢后也，马不进也。'"

孔子讲：

"孟之反这个人从不自我夸耀，

打败仗时，

他留在最后做掩护。

快进城门的时候，

他却鞭打着马，

谦逊地说：

'并非是我勇敢而殿后，

而是我的马实在是跑不快，

落在后面了呀。'"

十六

子曰："不有祝鮀之佞，而有宋朝之美，难乎免于今之世矣。"

孔子讲：

如果没有祝鮀那样的口才，

却仅仅有宋国的公子朝那样的美貌，

在当今社会里就难以避免灾祸了。

十七

子曰："谁能出不由户？何莫由斯道也？"

孔子讲：

"谁出门哪有不经过门口的？

为什么没人走此必经的仁义路呢"

十八

子曰："质胜文则野，文胜质则史。文质彬彬，然后君子。"

孔子讲：

"质朴多过文采就显得粗野，

文采超过质朴又流于虚夸。

如果两者配合得恰到好处，

文采和质朴完美结合，

这才能成为君子。"

十九

子曰："人之生也直，罔之生也幸而免。"

孔子讲：

"人的生存，

依赖于诚信和正直。

不讲诚信不正直的人也能生存，

但只不过是靠侥幸躲避了灾祸。"

二十

子曰："知之者不如好之者，好之者不如乐之者。"

孔子讲：

"被动学习不如主动去学，

如果学习时还能乐在其中，

那就更好了。"

二十一

子曰："中人以上，可以语上也；中人以下，不可以语上也。"

孔子讲：

"中等以上资质的人，

可以和他探讨更深的学问；

而中等以下资质的人，

不可以给他讲授高深的学问。"

二十二

樊迟问知，子曰："务民之义，敬鬼神而远之，可谓知矣。"问仁。曰："仁者先难而后获，可谓仁矣。"

樊迟问什么是明智，

孔子讲：

"致力于做老百姓称道的事情，

尊敬鬼神但不迷信鬼神，

这样做就是明智。"

樊迟又问怎样做才是有信仰的人。

孔子讲:

"有信仰的人,

吃苦在前享受在后,

这样的人都是有信仰的。"

二十三

子曰:"知者乐水,仁者乐山。知者动,仁者静。知者乐,仁者寿。"

孔子讲:

"聪明人以水为乐,

文明人以山为伴。

聪明人追求自在,

文明人追求信仰。

聪明人精神愉悦,

文明人精神永恒。"

二十四

子曰:"齐一变,至于鲁;鲁一变,至于道。"

孔子讲:

"把齐国变革一下,

便可达到鲁国的境界;

把鲁国变革一下

便可达到理想社会的境界了。"

二十五

子曰:"觚不觚,觚哉!觚哉!"

孔子讲：

"觚都不像觚的样子了，

这还是觚吗！

这还是觚吗！"

二十六

宰我问曰："仁者，虽告之曰：'井有仁焉。'其从之也？"子曰："何为其然也？君子可逝也，不可陷也；可欺也，不可罔也。"

宰我问孔子：

"一个有信仰的人，

告诉他有人掉井里啦。

他会跟着跳下去吗？"

孔子讲：

"为什么那样做呢？

君子可以赶过去，

但不会马上跳下去；

君子可能被欺骗，

但不能被愚弄。"

二十七

子曰："君子博学于文，约之以礼，亦可以弗畔矣夫。"

孔子讲：

"君子要广泛地学习，

用礼来约束自己，

这样就不偏离正道了。"

二十八

子见南子，子路不说，夫子矢之曰："予所否者，天厌之！天厌之！"

孔子拜会了南子，

子路不高兴了，

孔子发誓说：

"假如我哪里做得不对，

愿上天厌弃我！

愿上天厌弃我！"

二十九

子曰："中庸之为德也，其至矣乎！民鲜久矣。"

孔子讲：

"中庸作为一种道德，

是最高境界啊！

人们已经很久缺少它了。"

三十

子贡曰："如有博施于民而能济众，何如？可谓仁乎？"子曰："何事于仁，必也圣乎！尧舜其犹病诸！夫仁者，己欲立而立人，己欲达而达人。能近取譬，可谓仁之方也已。"

子贡说：

"假使有人广泛地给百姓好处，而且帮助众人生活得好，

这个人怎样呢？

能称得上是有信仰的人吗？”

孔子讲：

“这不仅是有信仰的人，

还必定是个圣人啊！

尧舜恐怕还做不到呢！

作为有信仰的人，

成就自己的同时也成就了别人，

自己做到了也帮助别人做到。

不好高骛远，

从身边做起，能推己及人，

这样做，

可以说是实行仁德之法了。

必成为有信仰的人。”

述而第七

共三十八章

一

子曰：“述而不作，信而好古，窃比于我老彭。”

孔子讲：

“我只是传述前人的思想并没有创作，

崇拜并且喜好古代文化，

我私下里把自己，

比作商朝时期的贤大夫彭祖吧。”

二

子曰：“默而识之，学而不厌，诲人不倦，何有于我哉？”

孔子讲：

"默记在心用心领会所见所闻，

坚持学习不厌倦，

教育别人不疲倦，

这些对我来说，

算什么困难呢？"

三

子曰：“德之不修，学之不讲，闻义不能徙，不善不能改，是吾忧也。”

孔子讲：

"品德不去修行，

学问不勤于研究，

符合道义的事情不去做，

有缺点不勇于纠正，

这些都是我忧虑的啊。"

四

子之燕居，申申如也，夭夭如也。

孔子在家闲居时，

穿戴很整齐，

态度很温和。

五

子曰：“甚矣吾衰也！久矣吾不复梦见周公！”

孔子讲：

“我真是衰老了啊！

很久没有梦见周公了！”

六

子曰：“志于道，据于德，依于仁，游于艺。”

孔子讲：

“要有志向于真理的使命感，

要有坚持道德的操守，

要有始终如一的信仰执着，

要有能贡献于社会的一技之长游于六艺之中。”

七

子曰：“自行束脩以上，吾未尝无诲焉。”

孔子讲：

“带薄礼来见我，

哪怕只是十条肉铺，

它只说明诚心诚意想学习，

我没有不教的。”

八

子曰：“不愤不启，不悱不发，举一隅不以三隅反，则不复也。”

孔子讲：

"不到启发的节骨眼，

我不会点拨他，

不到言不达意的时候，

我不会开导他，

不到举一反三的境界，

我不会多讲他，

否则只会添乱。"

九

子食于有丧者之侧，未尝饱也。

孔子在有丧事的人旁边吃饭，

从未吃饱过。

十

子于是日哭，则不歌。

孔子在这一天，

如果哭泣过，

这一天就不唱歌。

十一

　　子谓颜渊曰："用之则行，舍之则藏，惟我与尔有是夫！"子路曰："子行三军，则谁与？"子曰："暴虎冯河，死而无悔者，吾不与也。必也临事而惧，好谋而成者也。"

孔子对颜渊讲：

"有人用我，

就积极行动实行我的主张。

没人用我，

就把那些主张收起来。

就只有你我二人，

能做到这一点了。"

子路说：

"老师您要是统帅三军，

您要带上谁呢？"

孔子说：

"只会凭双手打老虎，

凭双脚徒步过大河，

逞匹夫之勇的人，

我决不带他。

我要找的人，

一定是临事小心谨慎，

善于谋划且能完成任务之人。"

十二

子曰："富而可求也，虽执鞭之士，吾亦为之。如不可求，从吾所好。"

孔子讲：

"假若财富是合理求得的话，

即使是做下等差役，

我也愿意去做。

很遗憾，

不合理强求是得不到的，

我还是干自己喜欢的事情吧。"

十三

子之所慎：齐，战，疾。

孔子要谨慎对待的：

斋戒，

战争，

疾病。

十四

子在齐闻《韶》，三月不知肉味，曰："不图为乐之至于斯也。"

孔子在齐国，

听到《韶》乐演奏，

很长时间内即使吃肉也没有滋味。

孔子不禁感叹道：

"没想到音乐欣赏，

能达到如此境地。"

十五

冉有曰："夫子为卫君乎？"子贡曰："诺，吾将问之。"入，曰："伯夷、叔齐何人也？"曰："古之贤人也。"曰："怨乎？"曰："求仁而得仁，又何怨？"出，曰："夫子不为也。"

冉有说：

"老师会帮卫君吗？"

子贡说：

"好吧，

我去问一下。"

子贡进到孔子屋里，

子贡问：

"伯夷、叔齐是什么样的人？"

孔子回答：

"古代的圣贤。"

子贡说：

"他们怨悔吗？"

孔子讲：

"他们追求信仰，

于是得到了信仰，

有什么可怨悔的？"

子贡出来后说：

"老师不会帮卫君的。"

十六

子曰："饭疏食饮水，曲肱而枕之，乐亦在其中矣。不义而富且贵，于我如浮云。"

孔子讲：

"吃粗粮，

喝清水，

弯着胳膊做枕头，

乐趣就在其中了，

不正当的富贵，

对我来说，

如同浮云。"

十七

子曰："加我数年，五十以学《易》，可以无大过矣。"

孔子讲：

"假如老天能让我再多活几年，

让我五十岁才开始学《易经》，

就可以没大过错了。"

十八

子所雅言，《诗》《书》执礼，皆雅言也。

孔子有用到雅言的时候，

读《诗经》《尚书》和正式礼仪活动时，

都用雅言。

十九

叶公问孔子于子路，子路不对。子曰："女奚不曰，其为人也，发愤忘食，乐以忘忧，不知老之将至云尔。"

叶公问子路：

"孔子是什么样的人？"

子路不知该如何回答。

孔子讲：

"你为什么不说，

他这个人的为人，

发愤用功忘记吃饭，

经常快乐而忘记忧愁，

不知道自己已经老了，

如此等等。"

二十

子曰："我非生而知之者，好古，敏以求之者也。"

孔子讲：

"我不是生来就有知识的，

我是喜爱古代文化，

勤奋用功去求取知识的。"

二十一

子不语：怪、力、乱、神。

孔子不谈论的事：

怪异、暴力、叛乱、鬼神。

二十二

子曰："三人行，必有我师焉。择其善者而从之，其不善者而改之。"

孔子讲：

"三个人走在一起，

其中必定有可以做我老师的，

我学习他们的优点，

检查改正自己的缺点。"

二十三

子曰："天生德于予，桓魋其如予何？"

孔子讲：

"我有德，

是上天赋予的，

桓魋又能把我怎样呢？"

二十四

子曰："二三子以我为隐乎？吾无隐乎尔。吾无行而不与二三子者，是丘也。"

孔子讲：

"弟子们，你们以为，

我对你们有什么隐瞒的吗？

我没有什么可隐瞒不教的。

我什么都对你们公开，

这是我孔丘的为人。"

二十五

子以四教：文，行，忠，信。

孔子从四个方面教育学生：

文化知识，

道德言行，

为人忠诚，

讲究诚信。

二十六

　　子曰："圣人，吾不得而见之矣；得见君子者，斯可矣。"子曰："善人，吾不得而见之矣，得见有恒者，斯可矣。亡而为有，虚而为盈，约而为泰，难乎有恒矣。"

孔子讲：

"圣人，

我是不能够看到了。

能够看到君子，

这也就可以了。"

孔子又说：

"善人，

也不容易看到，

能看到有一定操守的人也行。

本来没有却装有，

本来空虚却装充实，

本来穷困却装富足，

这就难以保持好的操守了。"

二十七

　　子钓而不纲，弋不射宿。

孔子只用鱼竿钓鱼，

不用网捕鱼，

只射飞的鸟，

不射栖息在巢中的鸟。

二十八

子曰："盖有不知而作之者，我无是也。多闻，择其善者而从之；多见而识之，知之次也。"

孔子讲：

"有那种无知而凭空造作的人，

而我不是。

多听各种见解，

选择好的加以学习，

多看各种事情牢记在心，

这就是长知识的次序和过程。"

二十九

互乡难与言，童子见，门人惑。子曰："与其进也，不与其退也，唯何甚？人洁己以进，与其洁也，不保其往也。"

互乡这地方的人很难打交道，

一个互乡的少年却得到孔子接见，

弟子们都感到很疑惑。

孔子讲：

"我只是鼓励他进步，

不是认同他的落后，

何必做得太过分呢？

人家来必有一番自好之心，

我们要加以鼓励，

不要计较别人的过去。"

三十

子曰："仁远乎哉？我欲仁，斯仁至矣。"

孔子讲：

"信仰离我们远吗？

只要我想追求信仰，

信仰就一定能实现。"

三十一

陈司败问："昭公知礼乎？"孔子曰："知礼。"孔子退，揖巫马期而进之，曰："吾闻君子不党，君子亦党乎？君取于吴，为同姓，谓之吴孟子。君而知礼，孰不知礼？"巫马期以告。子曰："丘也幸，苟有过，人必知之。"

陈司败问：

"鲁国昭公懂礼吗？"

孔子讲：

"懂礼。"

孔子走后，

陈司败对孔子弟子巫马期作揖说：

"我听说君子不偏不倚，

难道君子有时也偏袒吗？

昭公在吴国娶亲，

是同姓，

叫吴孟子，

同姓不婚。

如果昭公也叫懂礼，

那天下谁不懂礼？"

巫马期如实告诉了孔子。

孔子讲：

"我真幸运啊！

我有错，

就有人给我指出来！"

三十二

子与人歌而善，必使反之，而后和之。

孔子喜欢和别人唱歌，

如果别人唱得好，

就一定请他再唱一遍，

然后再跟着他一起唱。

三十三

子曰："文，莫吾犹人也。躬行君子，则吾未之有得。"

孔子讲：

"从文化知识来说，

我懂的不比别人差，

但身体力行做一个君子，

我还没有做到啊。"

三十四

子曰："若圣与仁，则吾岂敢？抑为之不厌，诲人不倦，则可谓云尔已矣。"
公西华曰："正唯弟子不能学也。"

孔子讲：

"如果说我是圣人，

或者说我是完美的文明人，

那我怎么敢当？

我只不过做学问不厌烦，

教育别人不倦怠，

就这些罢了。"

弟子公西华说：

"这正是弟子们学不到的啊。"

三十五

子疾病，子路请祷。子曰："有诸？"子路对曰："有之。诔曰：'祷尔于上下神祇。'"子曰："丘之祷久矣。"

孔子生病了，

子路请求为他祈祷。

孔子讲：

"这种做法有用吗？"

子路回答说：

"有的，

《诔》文上说：

'为您向天地上下的神灵祈祷。'"

孔子讲：

"我的祈祷已经持续很久了呀。"

三十六

子曰："奢则不孙，俭则固。与其不孙也，宁固。"

孔子讲：

"太奢靡，

就显得骄纵。

太节俭，

就显得寒伧。

与其骄纵，

宁可寒伧。"

三十七

子曰："君子坦荡荡，小人长戚戚。"

孔子讲：

"君子总是心胸宽广，

小人总是忧心忡忡。"

三十八

子温而厉，威而不猛，恭而安。

别人评价孔子，

既温和又严肃，

有威严但不凶猛，

对人恭敬但又自然而然。

泰伯第八

共二十一章

一

子曰："泰伯，其可谓至德也已矣。三以天下让，民无得而称焉。"

孔子讲：

"就泰伯而言，

他可以称得上是品德最高的人了。

他屡次把天下让与别人，

老百姓简直不知道该怎样称赞他。"

二

子曰："恭而无礼则劳；慎而无礼则葸；勇而无礼则乱；直而无礼则绞。君子笃于亲，则民兴于仁；故旧不遗，则民不偷。"

孔子讲：

"恭敬而不懂礼会疲劳；

谨慎而不懂礼会懦弱；

勇敢而不懂礼会动乱；

直率而不懂礼会伤人。

君子待人像亲人一样，

老百姓就会越来越文明；

君子如果不忘故旧，

老百姓的人情就不会淡薄。"

三

曾子有疾，召门弟子曰："启予足，启予手。诗云：'战战兢兢，如临深渊，如履薄冰。'而今而后，吾知免夫！小子！"

曾子病重，

他召集学生说：

"看我的脚，

看我的手，

都还好好的吧。

《诗经》上说：

'战战兢兢，

如临深渊，

如履薄冰。'

从今以后，

我知道我不用担惊受怕了！

弟子们！"

四

曾子有疾，孟敬子问之。曾子言曰："鸟之将死，其鸣也哀；人之将死，其言也善。君子所贵乎道者三：动容貌，斯远暴慢矣；正颜色，斯近信矣；出辞气，斯远鄙倍矣。笾豆之事，则有司存。"

曾子生病了，

孟敬子去探望他。

曾子说：

"鸟快死的时候，

叫声是哀鸣的；

人将要死的时候，

说出的话是善意的。

君子所重视的道德有三方面：

庄重容貌，

就可以避免粗暴和懈怠；

端庄面色，

就容易让人感到诚信可靠；

讲究谈吐，

就可以避免粗野和过失。

至于礼仪与祭祀方面的细节，

自有专人负责 。"

五

曾子曰： "以能问于不能，以多问于寡；有若无，实若虚，犯而不校。昔者吾友尝从事于斯矣。"

曾子说：

"有才能的人，

却向没才能的人请教；

知识多的人，

却向知识少的人请教；

有学问却像没学问一样，

满腹经纶却像空无一物似的，

被人冒犯也不去计较。

从前我的一个朋友，

就是这样的品行。"

六

曾子曰："可以托六尺之孤，可以寄百里之命，临大节而不可夺也。君子人与？君子人也。"

曾子说：

"可以把幼小的国君托付给他，

也可以把国家大事交付予他，

面对生死存亡，

能够大义凛然不动摇屈服，

这样的人称得上是君子吗？

当然是君子啊。"

七

曾子曰："士不可以不弘毅，任重而道远。仁以为己任，不亦重乎？死而后已，不亦远乎？"

曾子说：

"读书人要心胸宽广，

意志坚强，

他们任重道远。

以实现信仰为己任，

这责任能不重吗？

需要至死方休，

这道路能不远吗？"

八

子曰："兴于《诗》，立于礼，成于乐。"

孔子讲：

"从学习《诗经》开始，

把礼作为立身的根基，

掌握音乐使所学得以完善。"

九

子曰："民可使由之，不可使知之。"

孔子讲：

"可以让老百姓跟从大道，

但无法使他们领悟道本身。"

十

子曰："好勇疾贫，乱也。人而不仁，疾之已甚，乱也。"

孔子讲：

"尚武之人，

一旦他们厌恶贫穷，

就会出乱子。

不文明的人，

如果过分厌恶他们，

也会出乱子。"

十一

子曰："如有周公之才之美，使骄且吝，其余不足观也已。"

孔子讲：

"即使有人像周公那样有才华和天赋，

如果他既骄傲又吝啬，

那也就没什么值得欣赏的了。"

十二

子曰："三年学，不至于谷，不易得也。"

孔子讲

"跟我读书三年，

还没有做官的想法，

这样的人难得呀。"

十三

子曰："笃信好学，守死善道。危邦不入，乱邦不居。天下有道则见，无道则隐。邦有道，贫且贱焉，耻也；邦无道，富且贵焉，耻也。"

孔子讲：

"做人要有信念，

要勤奋好学，

履行正道。

危险的国家不去，

动乱的国家远离。

天下太平就出来工作，

天下混乱就找地方躲一躲。

国家政治贤明，

而你却不求上进，

既穷又贱，

这是耻辱的；

国家政治昏暗，

而你却同流合污，

追求富贵，

这同样也是耻辱的。”

十四

子曰：“不在其位，不谋其政。”

孔子讲：

“不在这个职位上，

就不要掺和这个职位上的事。”

十五

子曰：“师挚之始，《关雎》之乱，洋洋乎盈耳哉！”

孔子讲：

“从挚大师开始演奏，

到演奏《关雎》结束，

多么美妙的音乐啊，

满满地在我耳中！”

十六

子曰：“狂而不直，侗而不愿，悾悾而不信，吾不知之矣。”

孔子讲：

“狂妄又不正直，

无知又不老实，

看上去诚恳又不守信用，

我真不懂，

这三种人为什么会是这样。"

十七

子曰："学如不及，犹恐失之。"

孔子讲：

"要学习的知识太多了，

永远没有穷尽，

即使学到的知识，

也有失去的可能性。"

十八

子曰："巍巍乎，舜禹之有天下也而不与焉！"

孔子讲：

"多么崇高伟大啊，

尧舜作为天子拥有天下，

却一点也不为自己谋私利！"

十九

子曰："大哉尧之为君也！巍巍乎，唯天为大，唯尧则之。荡荡乎，民无能名焉。巍巍乎其有成功也，焕乎其有文章！"

孔子讲：

"伟大啊，

尧这样的君主！

崇高啊，

尧这样的君主！

最高大的天，

只有尧可以与之相比。

他的恩德太浩荡了，

老百姓真不知道该怎样称赞他。

他成就的功业，

多么崇高。

他制订的礼仪制度，

多么灿烂辉煌！"

二十

舜有臣五人而天下治。武王曰："予有乱臣十人。"孔子曰："才难，不其然乎？唐虞之际，于斯为盛。有妇人焉，九人而已。三分天下有其二，以服事殷。周之德，其可谓至德也已矣。"

舜有五位贤臣而天下太平。

周武王说：

"我有十位治世能臣。"

孔子讲：

"人才难得，

难道不是吗？

在尧舜时代及周武王时期，

人才最盛。

在周武王的能臣中，

有一位还是妇人，

所以实际上，

只有九位而已。

在周文王时期，

已经占据了三分之二的天下，

他却依然臣服于殷王朝。

这样的道德水平，

可以说是最高的了。"

二十一

子曰："禹，吾无间然矣。菲饮食而致孝乎鬼神，恶衣服而致美乎黻冕，卑宫室而尽力乎沟洫。禹，吾无间然矣。"

孔子讲：

"大禹，

我对他无可挑剔。

他自己的饮食很差，

却把祭品办得很丰盛；

他穿衣很简朴，

却把祭服做得很华美；

他住得很简陋，

却尽力兴办水利。

大禹，

我对他真是无可挑剔。"

子罕第九

一

子罕言利，与命与仁。

孔子很少谈及功利，

只谈天命和信仰。

二

达巷党人曰："大哉孔子！博学而无所成名。"子闻之，谓门弟子曰："吾何执？执御乎？执射乎？吾执御矣。"

达巷的人说：

"伟大的孔子啊！

他学识太渊博了，

他什么都懂，

并不是局限于某一个领域里的专家。"

孔子听说后对学生们讲：

"我该专心于哪一个领域呢？

赶车吗？

射箭吗？

我想，

我还是赶车吧。"

三

子曰："麻冕，礼也；今也纯，俭，吾从众。拜下，礼也；今拜乎上，泰也；

虽违众，吾从下。"

孔子讲：

"用麻织品做祭祀的帽子，

这是符合传统礼仪的；

现在用丝绸更节约，

我赞同大家的做法。

臣子拜见国君，

要先在堂下拜，

再升堂拜，

这是合乎传统礼仪的。

现在大家都只升堂拜，

这是傲慢的表现，

即使我的主张大家不认同，

那我也仍主张先在堂下拜，

再升堂拜。"

四

子绝四：毋意、毋必、毋固、毋我。

孔子绝对没有以下这四种毛病：

凭空猜测，

武断绝对，

固执己见，

唯我独尊。

五

子畏于匡，曰："文王既没，文不在兹乎？天之将丧斯文也，后死者不得与于斯文也；天之未丧斯文也，匡人其如予何？"

在经过匡地时，

孔子被当地人拘押了。

孔子讲：

"周文王已经死了，

古代文化不就在我手里吗？

我作为传承人，

如果上天真要灭绝这古代文化，

那我必死；

如果上天不想灭绝古代文化，

那匡地人又能把我怎样？"

六

太宰问于子贡曰："夫子圣者与？何其多能也？"子贡曰："固天纵之将圣，又多能也。"子闻之，曰："太宰知我乎！吾少也贱，故多能鄙事。君子多乎哉？不多也。"

太宰问子贡说：

"你的老师是一位圣人吧？

为什么他这么多才多艺？"

子贡说：

"这是上天要他做圣人，

并且使他多才多艺。"

孔子听后说道：

"太宰知道我啊!

我年少时穷苦,

所以学会了种种技艺。

对君子来说,

这些技艺多吗?

肯定不多。"

七

牢曰:"子云:'吾不试,故艺。'"

牢说:

"老师确实说过:

'因为我不被任用,

所以才学会了种种技艺。'"

八

子曰:"吾有知乎哉?无知也。有鄙夫问于我,空空如也。我叩其两端而竭焉。"

孔子讲:

"我知识多吗?

实在是不怎么多呀。

曾有一个庄稼人向我讨教,

我都没听懂他的问题。

我只好翻过来倒过去,

刨根问底,

知道答案后,

尽量告诉他。"

九

子曰："凤鸟不至，河不出图，吾已矣夫！"

孔子讲：

"凤凰没飞来，

黄河不出河图，

盛世的祥瑞都没有出现，

看来我的理想，

这辈子无法实现了！"

十

子见齐衰者、冕衣裳者与瞽者，见之，虽少，必作；过之必趋。

孔子接见的人，

有的是穿丧服的，

有的戴礼帽穿礼服的，

有的是盲人，

即使他们年轻，

孔子也必定从座席上站起来迎接；

如果要是从他们身旁走过，

也会恭敬地小步快走。

十一

颜渊喟然叹曰："仰之弥高，钻之弥坚。瞻之在前，忽焉在后。夫子循循然善诱人，博我以文，约我以礼，欲罢不能。既竭吾才，如有所立卓尔，虽欲从之，末由也已。"

颜渊感叹说：

"老师的思想和学问，

我抬头仰望它，

愈望愈觉得高。

我研究它，

愈钻研愈觉得深。

看着好像在眼前，

忽然又躲在后面。

老师善于循序渐进地启发我，

用文化典籍来丰富我的知识，

用礼来约束我，

跟他学习想停下来是不可能的。

我的潜能不断地被挖掘，

可前进的路上依然山峰耸立，

虽然很想攀登上去，

可途径在哪里却还是不知道。"

十二

子疾病，子路使门人为臣。病间，曰："久矣哉，由之行诈也！无臣而为有臣，吾谁欺？欺天乎？且予与其死于臣之手也，无宁死于二三子之手乎！且予纵不得大葬，予死于道路乎？"

孔子病情严重，

弟子们悄悄准备后事。

子路安排弟子们做孔子的家臣，

准备按大夫之礼治丧。

孔子病情好转后，

知道了此事，

生气地骂道：

"子路，

你这是欺诈啊！

你还暗地里搞了这么长时间！

我已经不是大夫了，

没资格有家臣，

你偏给我弄这些家臣，

你是要我欺骗谁呢？

欺骗天吗？

我与其死于那些假家臣之手，

还不如死于你们这些弟子之手！

即使我不能丧事大办，

我还会担心死在路上，

没人管吗？"

十三

子贡曰："有美玉于斯，韫椟而藏诸？求善贾而沽诸？"子曰："沽之哉，沽之哉！我待贾者也。"

子贡说：

"如果我有一块美玉，

是把它藏在柜子里呢？

还是等个好价钱把它卖掉？"

孔子讲：

"把它卖掉！

把它卖掉！

我正等识货的商人呢！"

十四

子欲居九夷。或曰："陋，如之何？"子曰："君子居之，何陋之有？"

孔子想到九夷去居住。

有人说：

"九夷那地方很简陋，

哪是人住的地方啊？"

孔子讲：

"君子去居住，

哪有什么可简陋的呢？"

十五

子曰："吾自卫反鲁，然后乐正，《雅》《颂》各得其所。"

孔子讲：

"我从卫国返回鲁国，

把音乐整理规范，

使《雅》《颂》各归其位。"

十六

子曰："出则事公卿，入则事父兄，丧事不敢不勉，不为酒困，何有于我哉？"

孔子讲：

"在外从政侍奉公卿，

在家闲居侍奉父兄，

遇到办丧事不敢不勤勉，

平时也不会喝多，

这些事我都做到了哪些呢？"

十七

子在川上曰："逝者如斯夫，不舍昼夜。"

孔子站在河边讲：

"逝去的一切，

就像这河水一样，

昼夜不停地流去。"

十八

子曰："吾未见好德如好色者也。"

孔子讲：

"我没见过像好色那样好德的人。"

十九

子曰："譬如为山，未成一篑，止，吾止也；譬如平地，虽覆一篑，进，吾往也。"

孔子讲：

"好比堆土成山，

就差一筐土就堆成了，

却停下来，

功亏一篑，

这是我自己的决定，

没人拦着；

又比如平整土地，

虽然只倒下一筐土，

如果继续坚持下去，

那也是我自己的决定，

没人推动。"

二十

子曰："语之而不惰者，其回也与！"

孔子讲：

"听我说话，

一点儿也不敢懈怠的，

大概只有颜回吧！"

二十一

子谓颜渊曰："惜乎！吾见其进也，未见其止也。"

孔子谈到颜渊时说：

"可惜（他死的太早）了！

我只看见他在不断地进步，

从没见过他停滞不前。"

二十二

子曰："苗而不秀者有矣夫；秀而不实者有矣夫！"

孔子讲：

"只长苗而不开花，

这种情况有啊；

只开花而不结果，

这种情况也有啊！"

二十三

子曰："后生可畏，焉知来者之不如今也？四十、五十而无闻焉，斯亦不足畏也已。"

孔子讲：

"年轻人，

是值得敬畏的，

怎么知道他们将来赶不上现在的人呢？

可一个人到了四五十岁还不明白道理，

这样的人，

就不值得敬畏了。"

二十四

子曰："法语之言，能无从乎？改之为贵。巽与之言，能无说乎？绎之为贵。说而不绎，从而不改，吾末如之何也已矣。"

孔子讲：

"符合道理的言论，

能不听从吗？

听了并且改变了自己，

才是可贵的。

恭敬顺耳的话，

能让人不高兴吗？

但只有加以鉴别，

才是可贵的。

如果只高兴而不鉴别，

只听从而不改正，

对于这样的人，

我也不知道拿他咋办了。"

二十五

曰："主忠信，毋友不如己者，过则勿惮改。"

孔子讲：

"要把忠实诚信放在首位。

没有不如自己的人，

有错就改，

不要有所顾忌。"

二十六

子曰："三军可夺帅也，匹夫不可夺志也。"

孔子讲：

"即使是三军统帅，

也有被擒拿的可能。

而一个人的坚定意志，

是谁也剥夺不了的。"

二十七

子曰："衣敝缊袍，与衣狐貉者立而不耻者，其由也与？'不忮不求，何用不臧？'"子路终身诵之。子曰："是道也，何足以臧？"

孔子讲：

"穿着破棉袄，

与穿着裘皮的人站在一起，

丝毫不觉得害臊的人，

大概只有子路了！

'不嫉妒，

不贪求，

这又有什么不好的呢？'"

子路受到夸奖就天天地念叨，

孔子对子路说：

"你整天如此，

至于吗？"

二十八

子曰："岁寒，然后知松柏之后凋也。"

孔子讲：

"到了冬天，

我们才知道，

松柏是最后凋谢的。"

二十九

子曰："知者不惑，仁者不忧，勇者不惧。"

孔子讲

"智慧的人不迷惑，

有信仰的人不忧愁，

勇敢的人不畏惧。"

三十

子曰："可与共学，未可与适道；可与适道，未可与立；可与立，未可与权。"

孔子讲：

"有的人可以是同学，

但未必是同路人；

有的人可以是同路人，

但未必能坚持到底；

有的人可以坚持到底，

但未必能做到权衡应变。"

三十一

"唐棣之华，偏其反而。岂不尔思？室是远尔。"子曰："未之思也，夫何远之有？"

古代有首诗写道：

"棠棣开花，

翩翩摇摆。

难道我不思念你吗？

只是因为我们相隔得太远了。"

关于这首诗，孔子讲：

"这里恐怕是没有真正思念吧，

真想念的话，

怎么会觉得相隔遥远呢？"

乡党第十

共二十七章

一

孔子于乡党，恂恂如也，似不能言者；其在宗庙朝廷，便便言，唯谨尔。

孔子在乡亲们中间时，

会温和恭顺，

好像不太会说话的样子；

孔子在宗庙及朝廷上，

雄言善辩，

但又很谨慎。

二

朝，与下大夫言，侃侃如也；与上大夫言，訚訚如也。君在，踧踖如也，与
与如也。

孔子在朝廷上，

与下大夫交流时，

常常侃侃而谈；

与上大夫交流时，

谨慎而恭敬。

君主上朝时，

孔子会恭恭敬敬，

既不紧张，

也不懈怠。

三

君召使摈，色勃如也，足躩如也。揖所与立，左右手，衣前后，襜如也。趋进，翼如也。宾退，必复命曰："宾不顾矣。"

君主召见孔子，

让孔子去接待外宾。

孔子表情凝重，

步履加快，

向两旁的人作揖后，

左右拱手，

礼服前后摆动，

整齐而不乱。

快步向前走时，

像鸟儿一样飞奔。

与外宾辞别后，

一定去向君主回报说：

"客人已走了。"

四

入公门，鞠躬如也，如不容。立不中门，行不履阈。过位，色勃如也，足躩如也，其言似不足者。摄齐升堂，鞠躬如也，屏气似不息者。出，降一等，逞颜色，怡怡如也。没阶，趋进，翼如也。复其位，踧踖如也。

当孔子一踏进朝廷大门，

就会恭敬谨慎，

好像没有自己的容身之处。

站立，

不站在门的中间。

步行，

不踩门槛。

经过君主的座位，

面色庄重，

脚步加快，说话声低得像气力不足。

国君问话时，

提起衣服的下摆走上前，

恭敬地低头回答，

这时候会屏住呼吸，

好像喘不过气的样子。

回答完毕后，

走下来，

下了一级台阶，

便神情舒展，

显得心情愉快。

下完台阶后，

就快步走，

像鸟儿飞一样，

回到自己的座席上。

坐稳后，

又是一副恭敬谨慎的样子。

五

执圭，鞠躬如也，如不胜。上如揖，下如授。勃如战色，足蹜蹜如有循。享礼，有容色。私觌，愉愉如也。

123

当孔子出使国外，

参加典礼时，

会举着象征国君的玉器，

弯着腰，

恭敬举着，

重似千斤。

无论是向上举如作揖，

还是向下放如交接，

尺度拿捏得非常好。

身体移动时，

面色凝重，

诚恐诚惶，战战兢兢，

脚步细碎而不杂乱。

直到献礼的时候，

和颜悦色。

在和外国君臣私下会见时，

心情显得轻松愉快。

六

君子不以绀緅饰，红紫不以为亵服。当暑，袗絺绤，必表而出之。缁衣，羔裘；素衣，麑裘；黄衣，狐裘。亵裘长，短右袂。必有寝衣，长一身有半。狐貉之厚以居。去丧，无所不佩。非帷裳，必杀之。羔裘玄冠不以吊。吉月，必朝服而朝。

君子不用天青色和黑中带红的颜色的布料，

做衣服的镶边，

红色和紫色，

不用来做居家便服。

夏天，

穿葛布单衣，

但一定要套在外边。

黑衣配羔羊皮裘，

白衣配小鹿皮裘，

黄衣配狐皮裘。

平时在家穿的皮袄，

要比一般的衣服长，

右边的袖子却要短一些。

睡觉要有小被子盖，

长度是身长的一倍半。

冬天的坐垫，

用厚厚的狐裘皮做成。

丧事办完后，

什么东西都可以佩戴。

不是上朝和祭祀时穿的衣服，

一定要裁边。

吊唁时，

不能穿羔羊皮袄，

也不能戴黑色礼帽。

每月初一，

一定要穿上朝礼服去朝拜君主。

七

齐，必有明衣，布。齐必变食，居必迁坐。

斋戒要沐浴，

沐浴后，

一定要穿洁净的衣服，

而且要用麻布做。

斋戒时，

一定要改变平时的饮食。

居处也要临时改变，

不能住在原来的地方。

八

食不厌精，脍不厌细。食饐而餲，鱼馁而肉败，不食。色恶不食，臭恶不食，失饪不食，不时不食，割不正不食，不得其酱不食。肉虽多，不使胜食气。唯酒无量，不及乱。沽酒市脯，不食。不撤姜食，不多食。

饭食要精致，

鱼肉要精细，

食物腐败发臭，

鱼烂了肉腐了，

不吃。

食物变质了不吃，

食物气味不好不吃，

食物处理不当不吃，

季节未到的不吃，

切割不规矩的肉不吃，

调味品不恰当的不吃。

席上肉食虽多，

但吃的量不得超过主食。

只有饮酒不限量，

但也不能到喝醉的地步。

街市上买的酒肉，

不吃。

姜是好东西不撤除，

但也不能多吃。

九

祭于公，不宿肉。祭肉，不出三日。出三日，不食之矣。

国家的祭祀，

分得的祭肉，

不留到第二天。

自家的祭肉，

不超过三天。

超过了三天，

就不能吃了。

十

食不语，寝不言。

吃饭时不交谈，

睡觉时不讲话。

十一

虽疏食、菜羹，瓜祭，必齐如也。

即使是用粗食、菜汤和瓜果祭祀，

也一定要进行斋戒。

十二

席不正，不坐。

座席摆得不端正，

不就坐。

十三

乡人饮酒，杖者出，斯出矣。

与乡亲们饮酒吃饭时，

要等老人都离席了，

自己才能离开。

十四

乡人傩，朝服而立于阼阶。

老乡们举行驱鬼迎神仪式时，

要穿上礼服，

站在东面的台阶上。

十五

问人于他邦，再拜而送之。

托人向他国朋友送礼问候，

一定要向受托者拜两次送行。

十六

康子馈药，拜而受之，曰："丘未达，不敢尝。"

季康子送药给孔子，

孔子拜谢后接受了，

但孔子马上说：

"对这药还不十分了解，

我不敢贸然服用。"

十七

厩焚。子退朝，曰："伤人乎？"不问马。

马厩失火了。

孔子退朝回来，

孔子问：

"伤着人了吗？"

并没有问马的情况。

十八

君赐食，必正席先尝之。君赐腥，必熟而荐之。君赐生，必畜之。侍食于君，君祭，先饭。

君主赐给的熟食，

孔子一定摆正座席，

郑重地品尝。

君主赐给的生食，

一定煮熟了供奉祖先。

君主赐给活鸡活羊活猪等，

一定要把它们先养起来。

侍奉国君吃饭，

在国君举行饭前祭礼时，

自己把饭菜检查一下，

必要时先尝一尝。

十九

疾，君视之，东首，加朝服，拖绅。

孔子生病了，

君主前来探视。

孔子面朝东面躺着，

以示迎接。

朝服盖在被子上，

拖着一条代表身份的带子。

二十

君命召，不俟驾行矣。

君主有事召见，

孔子不等马车备好，

就先走一步。

二十一

入太庙，每事问。

孔子每次进太庙，

对每件事都要仔细询问。

二十二

朋友死，无所归，曰："于我殡。"

朋友死于他乡，

若没有人收殓，

孔子讲：

"那就由我来办理丧事吧。"

二十三

朋友之馈，虽车马，非祭肉，不拜。

朋友送的赠品，

即使是车马这样的珍贵之物，

主要不是祭祀用的肉，

孔子在接受时，也不会行拜谢之礼。

二十四

寝不尸，居不容。

睡觉时，

不要像死尸那样直躺。

在家的时候，

不要像要会客一样讲究礼仪，

放松即可。

二十五

见齐衰者，虽狎必变。见冕者与瞽者，虽亵必以貌。凶服者式之，式负版者。有盛馔，必变色而作。迅雷风烈，必变。

看见穿丧服的人，

即使是平时关系很随便的人，

也一定要改变态度，

表示同情。

看见戴礼帽的人和盲人，即便很熟悉，

也一定有礼貌。

孔子乘车时，

看见路上有穿丧服的人，

一定俯身致哀。

遇到传递国家文书的人，

也一定俯身表示敬意。

人家请吃饭，

如果看见宴席丰盛，

一定要注意神色，

以示敬意。

遇见迅雷风暴，

一定要改变神色。

二十六

升车，必正立，执绥。车中不内顾，不疾言，不亲指。

孔子上车时，

一定端正站直，

手挽扶手的带子登车。

在车上，

不向车厢里环顾，

不高声快速说话，

不用手比比画画。

二十七

色斯举矣，翔而后集。曰："山梁雌雉，时哉！时哉！"子路共之，三嗅而作。

野鸡看见孔子一行人，

立刻飞向天空盘旋，

确认安全后，

才降落在树上。

孔子感叹道：

"你看山梁上的野鸡，

也懂得时宜啊！

也懂得时宜啊！"

子路给野鸡拱手，

野鸡振几下翅膀，

飞走了。

先进第十一

共二十五章

一

子曰："先进于礼乐，野人也。后进于礼乐，君子也。如用之，则吾从先进。"

译文

孔子讲：

"早先跟我学习礼乐的人，

都是朴实之人，

没什么社会地位。

后期跟我学习礼乐的人，

都是有身份、有地位的君子。

假如要我选用人才，

我还是愿意用早先的人。"

二

子曰："从我于陈、蔡者，皆不及门也。"德行：颜渊，闵子骞，冉伯牛，仲弓。言语：宰我，子贡。政事：冉有，季路。文学：子游，子夏。

孔子讲：

"跟随我在陈国、蔡国忍饥挨饿的人，

现在都没有在我这里了。

德行好的有颜渊、闵子骞、冉伯牛、仲弓，

善于辞令的有宰我、子贡，

擅长政事的有冉有、季路，

通晓文献知识的有子游、子夏。"

三

子曰："回也非助我者也，于吾言无所不说。"

孔子讲：

"颜回让我太没处发挥了。

他认为我讲的话都对，

没有一句不喜爱的。"

四

子曰："孝哉闵子骞！人不间于其父母昆弟之言。"

孔子讲：

"闵子骞真孝顺啊！

他的父母兄弟都说他好，

别人也都如此说。"

五

南容三复白圭，孔子以其兄之子妻之。

南容反复朗诵《诗经》中《白圭》的诗句，

时刻告诫自己要谨慎。

孔子认为他是值得托付的人，

就把自己哥哥的女儿嫁给了他。

六

季康子问："弟子孰为好学？"孔子对曰："有颜回者，好学。不幸短命死矣，今也则亡。"

季康子问：

"你的弟子中，

谁最喜欢学习？"

孔子讲：

"有个叫颜回的弟子，

最喜欢学习。

可惜死得早，

现在没有像他那样爱学习的人了。"

七

颜渊死，颜路请子之车以为之椁。子曰："才不才，亦各言其子也。鲤也死，有棺而无椁。吾不徒行以为之椁。以吾从大夫之后，不可徒行也。"

颜渊死了，

他的父亲没钱，

请求孔子把他的车子卖了，

给他儿子买棺椁。

孔子讲：

"有才能也好，

无才能也好，

都是各自的儿子。

我儿子孔鲤死时，

也只有棺而没有椁，

我也没有卖掉车子步行给他置办。

车子我是不能卖的。

我以前当过大夫，

大夫没车步行不合乎礼仪。"

八

颜渊死。子曰："噫！天丧予！天丧予！"

颜渊死了。

孔子讲：

"老天啊！

这是要我的命呀！

这是要我的命呀！"

九

颜渊死，子哭之恸，从者曰："子恸矣！"曰："有恸乎？非夫人之为恸而谁为？"

颜渊死了，

孔子哭得很悲伤。

随从的人说：

"先生您不要悲伤过度了！"

孔子讲：

"过度吗？

我不为这样的人悲伤，

还能为谁呢？"

十

颜渊死，门人欲厚葬之。子曰："不可。"门人厚葬之。子曰："回也视予犹父也，予不得视犹子也。非我也，夫二三子也！"

颜渊死了，

弟子们想厚葬他，

孔子讲：

"不可以。"

但弟子们仍然厚葬了颜渊。

孔子讲：

"颜回啊，

你把我当父亲一样，

我也想把你当儿子一样对待。

可你那帮同学不了解你啊！

只有我了解你。"

十一

季路问事鬼神。子曰："未能事人，焉能事鬼？"曰："敢问死。"曰："未知生，焉知死？"

子路问怎么侍奉鬼神，

孔子讲：

"连人都还没有侍奉好呢，

哪还有工夫去关心鬼神？"

子路又问：

"死又是怎么一回事？"

孔子讲：

"生的道理都还没弄懂呢，

死就更搞不清了。"

十二

闵子侍侧，訚訚如也；子路，行行如也；冉有、子贡，侃侃如也。子乐。"若由也，不得其死然。"

弟子们侍立在孔子身旁，

闵子骞是诚恳恭敬的样子；

子路是一副刚强的样子；

冉有、子贡则是温和快乐的样子。

孔子很高兴，

但不无担心地说：

"子路这人太刚猛了，

容易走上绝路。"

十三

鲁人为长府，闵子骞曰："仍旧贯如之何？何必改作？"子曰："夫人不言，言必有中。"

鲁国君主要改建长府，

闵子骞说：

"就照老样子弄怎样？

为何要改建呢？"

孔子讲：

"闵子骞这人，

平时不爱说话，

一说话就说在点儿上。"

十四

子曰："由之瑟奚为于丘之门？"门人不敬子路，子曰："由也升堂矣，未入于室也。"

孔子讲：

"子路你把瑟弹得乱七八糟的，

怎好意思在我门下呀？"

听孔子这么一说，

弟子们便经常嘲笑他。

孔子又说：

"你们可不能轻视子路。

他的学问已经很不错了，

只是不够精而已。"

十五

子贡问："师与商也孰贤？"子曰："师也过，商也不及。"曰："然则师愈与？"子曰："过犹不及。"

子贡问：

"子张与子夏，

谁更贤德呢？"

孔子讲：

"子张过了些，

子夏又有些不足。"

子贡说：

"那还是子张比子夏更贤德了？"

孔子讲：

"过头和不足都是一样的。

子张并不比子夏更贤德。"

十六

季氏富于周公，而求也为之聚敛而附益之。子曰："非吾徒也，小子鸣鼓而攻之，可也。"

季氏比当年周公还富有，

可还贪得要死。

冉求做季氏的家臣，

不仅不劝谏他，

反而帮助他搜刮聚敛。

孔子非常生气地骂道：

"冉求不再是我的弟子了，

同学们，

你们可以大张旗鼓地去声讨他。"

十七

柴也愚，参也鲁，师也辟，由也喭。

孔子点评他的学生。

高柴愚笨，

曾参迟钝，

颛孙师偏激，

仲由莽撞。

十八

子曰："回也其庶乎，屡空。赐不受命，而货殖焉，亿则屡中。"

孔子讲：

"颜回嘛，

道德与学问都接近完美，

可常常穷得要死。

子贡，

不安于贫穷去做买卖，

行情抓得很准。"

十九

子张问善人之道，子曰："不践迹，亦不入于室。"

子张问如何成为善人的途径，

孔子讲：

"善人没有前人指引，

光凭他自己，

道德与学问是很难修行到家的。"

二十

子曰："论笃是与，君子者乎？色庄者乎？"

孔子讲：

"说话诚恳，

肯定要赞美。

但要区分清楚，

这人是真君子呢？

还是装模作样？"

二十一

子路问："闻斯行诸？"子曰："有父兄在，如之何其闻斯行之？"冉有问："闻斯行诸？"子曰："闻斯行之。"公西华曰："由也问闻斯行诸，子曰'有父兄在'；求也问闻斯行诸，子曰'闻斯行之'。赤也惑，敢问。"子曰："求也退，故进之；由也兼人，故退之。"

子路问：

"道理听懂了，

是不是马上就行动起来？"

孔子讲：

"有父兄在，

怎么也得征求他们的意见呀？"

冉有问相同的问题，

孔子讲：

"听懂就做。"

公西华问孔子：

"两人问的问题一样，

可您的回答却不一样，

我很迷惑，

斗胆问这是为什么？"

孔子讲：

"冉求做事总是畏畏缩缩，

我要鼓励他上前冲；

仲由的胆子忒大，

我要克制一下他。"

二十二

子畏于匡，颜渊后。子曰："吾以女为死矣！"曰："子在，回何敢死？"

孔子在匡地被拘禁，

逃出后颜渊掉队，

落在了后面。

等颜渊终于赶上了，

孔子非常后怕，

孔子讲：

"我还以为你死了呀！"

颜渊说：

"您老人家还在呢，

我怎敢死在你前面？"

二十三

季子然问："仲由、冉求可谓大臣与？"子曰："吾以子为异之问，曾由与求之问。所谓大臣者，以道事君，不可则止。今由与求也，可谓具臣矣。"曰："然则从之者与？"子曰："弑父与君，亦不从也。"

季子然问：

"仲由和冉求做国家大臣够格吗？"

孔子讲：

"我以为你问谁呢，

原来是问仲由和冉求啊。

所谓大臣，

要用正道侍奉君主，

如果不这样做，

宁可辞职不干。

现在的仲由和冉求，

最多只是充数的小臣。"

季子然又问：

"他们会事事顺从吗？"

孔子讲：

144

"如果是杀父杀君那种事，

他们是不会听从的。"

二十四

子路使子羔为费宰，子曰："贼夫人之子。"子路曰："有民人焉，有社稷焉，何必读书，然后为学。"子曰："是故恶夫佞者。"

子路做了季氏的家臣，

想提携师弟子羔做属地费邑的地方官，

这事孔子不同意。

孔子讲：

"子羔太年轻，

你这是害人家。"

子路说：

"那个地方无论民事还是神事，

都有专人管理，

他可以边干边学啊。

为何事事都学会了再去呢？"

孔子讲：

"我讨厌强词夺理的人。"

二十五

子路、曾皙、冉有、公西华侍坐，子曰："以吾一日长乎尔，毋吾以也。居则曰'不吾知也'，如或知尔，则何以哉？"子路率尔而对曰："千乘之国，摄乎大国之间，加之以师旅，因之以饥馑；由也为之，比及三年，可使有勇，且知方也。"夫子哂之。"求，尔何如？"对曰："方六七十，如五六十，求也为之，比及三年，可使足民。如其礼乐，以俟君子。""赤！尔何如？"对曰："非曰

能之，愿学焉。宗庙之事，如会同，端章甫，愿为小相焉。" "点，尔何如？"鼓瑟希，铿尔，舍瑟而作，对曰："异乎三子者之撰。"子曰："何伤乎？亦各言其志也。"曰："暮春者，春服既成，冠者五六人，童子六七人，浴乎沂，风乎舞雩，咏而归。"夫子喟然叹曰："吾与点也！"三子者出，曾皙后。曾皙曰："夫三子者之言何如？"子曰："亦各言其志也已矣。"曰："夫子何哂由也？"曰："为国以礼，其言不让，是故哂之。" "唯求则非邦也与？" "安见方六七十、如五六十而非邦也者？" "唯赤则非邦也与？" "宗庙会同，非诸侯而何？赤也为之小，孰能为之大？"

子路、曾皙、冉有、公西华四人陪孔子坐着，

孔子讲：

"我年龄比你们大，

你们不要介意，

想说什么尽管说。

你们平常总爱说，

没有人了解我们呀。

现在如果有人了解你们，

打算任用你们，

你们怎么办呢？"

子路抢先回答：

"假如有兵车千辆的大国，

夹在别的大国中间，

受别国的侵犯，

又连遇灾荒，

要让我去治理，

只需三年，

就能让老百姓勇猛善战，

并懂得礼乐教化。”

孔子听完只是一笑。

孔子又问：

“冉求，

你呢？”

冉求答道：

“方圆六七十里或五六十里的小国，

我去治理，

给我三年时间，

能让老百姓有吃有穿。

至于礼乐教化，

就得依靠别人了。”

孔子又问：

“公西华，

你呢？”

公西华说：

“能做什么我还不敢说，

我只能说，

我愿意学着做点儿什么。

祭祀和国君会盟的场合，

我愿意穿着礼服，

戴着礼帽，

做一个小司仪吧。”

孔子接着问曾皙；

“你呢？”

曾皙用手把瑟推开，

起身回答：

"我和三位的想法不一样。"

孔子讲：

"那有什么关系，

你说吧，

大家各言其志。"

曾皙说：

"我就想在那暮春三月，

穿上春天的衣服，

约上五六个人，

带上六七个小孩，

去沂水河边沐浴，

在舞雩台上吹吹风，

一路唱着歌走回来。"

孔子长叹一声说道：

"我赞同曾皙的主张呀！"

当子路、冉有、公西华三人走后，

曾皙问孔子：

"他们三位回答得怎样？"

孔子讲：

"各自谈了意愿而已。"

曾皙又问：

"那您笑子路什么呢？"

孔子讲：

"治理国家应当讲究礼让，

子路的话不谦虚，

所以我笑他。”

曾皙又说：

"冉求所讲的是不是治国之事？"

孔子讲：

"治国不分大国小国。

方圆六七十里或五六十里，

不是国家是什么？"

曾皙问：

"公西华所讲的是不是治国之事？"

孔子讲：

"宗庙祭祀，

诸侯会盟，

那不是治国之事又是什么？

如果公西华只配做一个小司仪，

那谁还能做大司仪呢？"

颜渊第十二

共二十四章

一

颜渊问仁，子曰："克己复礼为仁。一日克己复礼，天下归仁焉。为仁由己，而由人乎哉？"颜渊曰："请问其目。"子曰："非礼勿视，非礼勿听，非礼勿言，非礼勿动。"颜渊曰："回虽不敏，请事斯语矣。"

颜渊问仁该怎样理解，

孔子讲：

"克制自己，

终身践行真理，

就是有信仰的文明人（仁）。

一旦文明人越来越多，

天下就是有信仰的文明社会（仁）。

要做文明人全靠自己，

哪能依靠别人？"

颜渊说：

"请问如何去做。"

孔子讲：

"不合乎真理的不看，

不合乎真理的不听，

不合乎真理的不说，

不合乎真理的不做。"

颜渊说：

"我虽不才，

但我愿意按老师说的去做。"

二

仲弓问仁，子曰："出门如见大宾，使民如承大祭。己所不欲，勿施于人。在邦无怨，在家无怨。"仲弓曰："雍虽不敏，请事斯语矣。"

仲弓问怎样做文明人，

孔子讲：

"出门做事，

见到的所有人，

150

都是尊贵的客人，

要保持热情和尊敬。

征调百姓做差役，

要十分恭敬，

像举办重大祭祀一样。

自己不喜欢的，

不要强加给别人。

在外面做事，

任劳任怨。

在家过日子，

不要总是抱怨。"

仲弓说：

"我虽不才，

但我愿意按老师说的去做。"

三

司马牛问仁，子曰："仁者，其言也讱。"曰："其言也讱，斯谓之仁已乎？"子曰："为之难，言之得无讱乎？"

司马牛问怎样做文明人，

孔子讲：

"文明人，

说话常常是谨慎的。"

司马牛说：

"说话谨慎，

就这么容易吗？"

孔子讲：

"说出来容易做起来难。

说话能不需要谨慎吗？"

四

司马牛问君子，子曰："君子不忧不惧。"曰："不忧不惧，斯谓之君子已乎？"子曰："内省不疚，夫何忧何惧？"

司马牛问怎样才算是君子，

孔子讲：

"君子不忧愁不畏惧。"

司马牛说：

"不忧愁不畏惧，

这就是君子了吗？"

孔子讲：

"自己问心无愧，

哪里还有什么可以忧愁和畏惧的呢？"

五

司马牛忧曰："人皆有兄弟，我独亡。"子夏曰："商闻之矣，死生有命，富贵在天。君子敬而无失，与人恭而有礼，四海之内，皆兄弟也。君子何患乎无兄弟也？"

司马牛忧伤地说：

"别人都有兄弟，

唯独我没有。"

子夏说：

"我听说过这样的话：

生死由命决定，

富贵由天安排。

君子只要做事认真，

不出差错，

对人恭敬有礼貌，

那天下的人，

都可以是你兄弟啊。

君子何必担心没兄弟呢？"

六

子张问明，子曰："浸润之谮，肤受之愬，不行焉，可谓明也已矣；浸润之谮、肤受之愬，不行焉，可谓远也已矣。"

子张问（怎样算是）明察，

孔子讲：

"传播的谗言，

还有诬告，

在你这里都行不通，

这就可以说是明察。

再说一遍，

如果这些在你面前，

都行不通，

那你就是有远见的明白人。"

七

子贡问政，子曰："足食，足兵，民信之矣。"子贡曰："必不得已而去，于斯三者何先？"曰："去兵。"子贡曰："必不得已而去，于斯二者何先？"

曰："去食。自古皆有死，民无信不立。"

子贡问怎样去治理国家，

孔子讲：

"粮食充足，

军备充足，

百姓对当局信任。"

子贡说：

"如果迫不得已非要去掉一项，

那么先去掉哪一项？"

孔子讲：

"先去掉军备这一项。"

子贡说：

"如果迫不得已再去掉一项，

那么应该去掉哪项？"

孔子讲：

"去掉粮食这一项，

因为人早晚都是要死的，

但如果没有百姓的信任，

那么国家就危在旦夕了。"

八

棘子成曰："君子质而已矣，何以文为？"子贡曰："惜乎，夫子之说君子也！驷不及舌。文犹质也，质犹文也。虎豹之鞟犹犬羊之鞟。"

棘子成跟子贡议论说：

"君子的关键在于本质，

154

要那些礼仪之类的东西做什么？"

子贡说：

"真遗憾，

您竟这样去理解君子！

真是满嘴跑舌头，

比四匹马跑得还快。

为何本质和礼仪同等重要，

因为就像皮革，

把虎皮豹皮的毛都拔了，

把它的花纹去掉，

那跟狗皮羊皮有什么区别呢。"

九

哀公问于有若曰："年饥，用不足，如之何？"有若对曰："盍彻乎？"曰："二，吾犹不足，如之何其彻也？"对曰："百姓足，君孰与不足？百姓不足，君孰与足？"

鲁哀公问有若：

"如果遇到年成不好，

国家开销不够，

应该怎么办？"

有若说：

"为什么不实行十成抽一的税制呢？"

鲁哀公说：

"十成抽二，

我都嫌还不够，

怎么能十抽一呢？"

有若说：

"百姓富足了，

国君怎会不足？

百姓不富足

国君怎么会足？"

十

子张问崇德辨惑，子曰："主忠信，徙义，崇德也。爱之欲其生，恶之欲其死，既欲其生，又欲其死，是惑也。'成不以富，亦祇以异。'"

子张问如何才能崇尚道德辨别迷惑？

孔子讲：

"以忠信为主心骨，

行为符合礼制，

就能崇尚道德。

喜欢时，

盼他好好的，

厌恶时，

盼他早死；

又是活，

又是死，

这就是迷惑。

（《诗经》上是这样说的：）

'对自己实在无所裨益，

只是让人觉得怪异罢了。'"

十一

齐景公问政于孔子，孔子对曰："君君，臣臣，父父，子子。"公曰："善哉！信如君不君，臣不臣，父不父，子不子，虽有粟，吾得而食诸？"

齐景公向孔子询问怎样治理国家，

孔子讲：

"君主要像个做君主的样子，

臣子要像个做臣子样子的，

父亲要像个做父亲样子的，

儿子要像个做儿子样子的。"

齐景公说：

"太对了！

如果君不像君，

臣不像臣，

父不像父，

子不像子，

虽天下有粮食，

但能轮到我吃吗？"

十二

子曰："片言可以折狱者，其由也与？"子路无宿诺。

孔子讲：

"只听只言片语，

就可以断案子的人，

大概只有仲由吧？"

子路办事从不拖延。

十三

子曰："听讼，吾犹人也。必也使无讼乎！"

孔子讲：

"审案之类的事情，

我跟别人的做法一模一样。

不同的是，

我追求天下没案可审。"

十四

子张问政，子曰："居之无倦，行之以忠。"

子张问怎样从政，

孔子讲：

"在职位上毫不懈怠，

执行军令尽职尽责。"

十五

子曰："博学于文，约之以礼，亦可以弗畔矣夫。"

孔子讲：

"用知识丰富头脑，

用礼约束行为，

就可避免离经叛道。"

十六

子曰："君子成人之美，不成人之恶；小人反是。"

孔子讲：

"君子要成全别人的好事，

不促成别人的坏事；

小人与此相反。"

十七

季康子问政于孔子，孔子对曰："政者，正也。子帅以正，孰敢不正？"

季康子问政怎么解释，

孔子讲：

"政这个字，

意思就是做得正。

您带头做正了，

谁还敢不正呢？"

十八

季康子患盗，问于孔子。孔子对曰："苟子之不欲，虽赏之不窃。"

季康子为盗贼烦恼，

问孔子该怎么办？

孔子讲：

"如果你自己不贪，

即使奖励别人去盗窃，

也没人去的。"

十九

季康子问政于孔子曰："如杀无道以就有道，何如？"孔子对曰："子为政，

焉用杀？子欲善，而民善矣。君子之德风，小人之德草，草上之风，必偃。"

季康子问孔子执政方面的事，

他说：

"杀掉坏人，

让大家都做好人，

怎么样？"

孔子回答说：

"您执政，

为什么要杀人呢？

您从善，

百姓也会从善。

君子的德行就像风，

百姓的德行就像草，

风向哪边吹，

草就向哪边倒。"

二十

子张问："士何如斯可谓之达矣？"子曰："何哉，尔所谓达者？"子张对曰："在邦必闻，在家必闻。"子曰："是闻也，非达也。夫达也者，质直而好义，察言而观色，虑以下人。在邦必达，在家必达。夫闻也者，色取仁而行违，居之不疑。在邦必闻，在家必闻。"

子张问：

"读书人怎样做才可以显达呢？"

孔子讲：

"你说的显达是什么意思？"

子张回答说：

"在国内有名声，

在家族有名声。"

孔子讲：

"那是名声，

不是显达。

所谓显达，

是正直义气，

照顾别人，

恭敬谦让，

这样的人，

在国内受尊重，

在家族内受尊重。

所谓名声，

是表面一套，

背后另一套，

自己还觉得挺文明。

这样的人，

在国内徒有其名。

在家族内也徒有其名。"

二十一

樊迟从游于舞雩之下，曰："敢问崇德，修慝，辨惑。"子曰："善哉问！先事后得，非崇德与？攻其恶，无攻人之恶，非修慝与？一朝之忿，忘其身，以及其亲，非惑与？"

樊迟陪孔子出游于舞雩台下，

樊迟问:

"怎样提高自己的品德修养,

修正错误,

明辨是非。"

孔子讲:

"这个问题问得好啊!

做事为先,

得利为后,

不就是品德修养吗?

检讨自己,

不是指责别人,

不就是修正错误吗?

一时愤怒

就不管不顾,

连亲人都抛在一边,

这不是糊涂吗?"

二十二

樊迟问仁,子曰:"爱人。"问知,子曰:"知人。"樊迟未达,子曰:"举直错诸枉,能使枉者直。"樊迟退,见子夏曰:"乡也吾见于夫子而问知,子曰:'举直错诸枉,能使枉者直',何谓也?"子夏曰:"富哉言乎!舜有天下,选于众,举皋陶,不仁者远矣。汤有天下,选于众,举伊尹,不仁者远矣。"

樊迟问怎样做文明人,

孔子讲:

"爱一切人。"

樊迟又问智是何意,

孔子讲：

"善于识别人。"

樊迟没懂。

孔子讲：

"提拔正直的人，

其他人也会跟着学。"

樊迟走了，

见到子夏说：

"刚才我问老师什么是智，

老师解释说：

'提拔正直的人，其他人也会跟着学。'

这是什么意思？"

子夏说：

"这话深刻啊！

舜得天下后，

在众人中选拔了皋陶，

那些不文明的人全消失了。

汤得天下后，

在众人中选拔了伊尹，

不文明的人也都消失了。"

二十三

子贡问友，子曰："忠告而善道之，不可则止，毋自辱焉。"

子贡问如何交友，

孔子讲：

"给朋友劝告时，

要善意开导，

如果不听，

赶紧闭嘴，

否则适得其反，

自取其辱。"

二十四

曾子曰："君子以文会友，以友辅仁。"

曾子说：

"君子采用文章的方式相互切磋结交朋友，

用朋友来帮助提高文明素质。"

子路第十三
共三十章

一

子路问政，子曰："先之，劳之。"请益，曰："无倦。"

子路问怎样治国理政，

孔子讲：

"自己带头，

大家共同努力。"

子路让再多讲一些，

孔子讲：

"（照我说的做，）

不懈怠就行了。"

二

仲弓为季氏宰，问政，子曰："先有司，赦小过，举贤才。"曰："焉知贤才而举之？"曰："举尔所知。尔所不知，人其舍诸？"

仲弓做了季氏的家臣，

问怎样管理政事，

孔子讲：

"自己先给下属作出表率，

允许有小过错，

选拔贤人来任职。"

仲弓说：

"我咋知道谁是贤人而去提拔他们呢？"

孔子讲：

"了解谁，

你就选拔谁。

不了解的人，

留给别人去选拔，

人才埋没的了吗？"

三

子路曰："卫君待子而为政，子将奚先？"子曰："必也正名乎！"子路曰："有是哉，子之迂也！奚其正？"子曰："野哉，由也！君子于其所不知，盖阙如也。名不正则言不顺，言不顺则事不成，事不成则礼乐不兴，礼乐不兴则刑罚不中；刑罚不中则民无所措手足。故君子名之必可言也，言之必可行也。君子于其言，无所苟而已矣。"

子路说：

"假如卫君希望您出山执政，

您会先从哪方面着手呢？"

孔子讲：

"先正名吧！"

子路说

"先生这样不切实际啊！

怎么个正法？"

孔子讲：

"由呀，

你小子粗野没文化啊！

君子对不了解事，

从不乱下结论。

如果名不正，

说话不顺畅；

说话不顺畅，

事情就办不成；

事情办不成，

礼乐就不兴；

礼乐不兴，

刑罚就不得当；

刑罚不得当，

百姓就会手足无措，

不知怎样才好。

所以，

君子之名，

要说得清清楚楚，

做的明明白白

并且切实可行。

君子的名及相关事情，

绝对马虎不得。"

四

樊迟请学稼，子曰："吾不如老农。"请学为圃，曰："吾不如老圃。"樊迟出，子曰："小人哉，樊须也！上好礼，则民莫敢不敬；上好义，则民莫敢不服；上好信，则民莫敢不用情。夫如是，则四方之民襁负其子而至矣，焉用稼？"

樊迟请教孔子如何种庄稼，

孔子讲：

"我不如老农。"

樊迟请教孔子学习种菜，

孔子讲：

"我不如菜农。"

樊迟走后，

孔子讲：

"太幼稚，

樊迟！

上面重视礼仪，

就没人敢不敬；

上面重视道义，

就没人敢不服；

上面重视信用，

就没人敢不真心实意。

这样做，

百姓自然就来投奔你，

还怕没人种庄稼吗？"

五

子曰："诵《诗》三百，授之以政，不达；使于四方，不能专对；虽多，亦奚以为？"

孔子讲：

"熟读了《诗经》三百篇，

让他处理政务，

他却不能通晓；

让他出使国外，

又不能独立应对；

书读得再多，

如果没有历练，

那又有什么用呢？"

六

子曰："其身正，不令而行；其身不正，虽令不从。"

孔子讲：

"执政者自身行得正，

即使不下命令，

百姓也会照做；

执政者自身不正，

即使下命令，

也没人听。"

七

子曰："鲁卫之政，兄弟也。"

孔子讲：

"鲁国和卫国，

政事上哪儿都挺像，

像是亲兄弟。"

八

子谓卫公子荆，"善居室。始有，曰：'苟合矣。'少有，曰：'苟完矣。'
富有，曰：'苟美矣。'"

谈到卫国的公子荆，

孔子讲：

"他很善于治家，

会过且知足。

刚有一点家产时，

便说：

正好够用。

再多一点，

便说：

啥也不缺了。

到了家境富裕时，

便说：

太完美了。"

九

子适卫，冉有仆，子曰："庶矣哉！"冉有曰："既庶矣，又何加焉？"曰："富之。"曰："既富矣，又何加焉？"曰："教之。"

孔子到卫国去，

冉有驾车，

孔子讲：

"卫国的人口真多！"

冉有说：

"人口多了之后，

该怎么治理呢？"

孔子讲：

"让他们富裕起来。"

冉有说：

"富裕以后，

又该做什么？"

孔子讲：

"施以教化。"

十

子曰："苟有用我者，期月而已可也，三年有成。"

孔子讲：

"如果有人启用我，

让我来治理国家，

170

一年就会有起色，

三年就会有大的成效。"

十一

子曰："'善人为邦百年，亦可以胜残去杀矣。'诚哉是言也！"

孔子讲：

"'好人治理国家一百年，

就能消除各种刑罚和死刑。'

这番古语，

讲得不错呀！"

十二

子曰："如有王者，必世而后仁。"

孔子讲：

"圣人治理国家，

只需三十年，

社会就能文明起来。"

十三

子曰："苟正其身矣，于从政乎何有？不能正其身，如正人何？"

孔子讲：

"端正自己，

治国有啥困难？

不端正自己，

怎能端正别人？"

十四

冉子退朝，子曰："何晏也？"对曰："有政。"子曰："其事也。如有政，虽不吾以，吾其与闻之。"

冉有从朝廷回来，

孔子讲：

"咋这么晚？"

冉有回答说：

"有公事要处理。"

孔子讲：

"私事罢了。

有重大公事，

我虽不在位，

但也会知道。"

十五

定公问："一言而可以兴邦，有诸？"孔子对曰："言不可以若是其几也。人之言曰：'为君难，为臣不易。'如知为君之难也，不几乎一言而兴邦乎？"曰："一言而丧邦，有诸？"孔子对曰："言不可以若是其几也。人之言曰：'予无乐乎为君，唯其言而莫予违也。'如其善而莫之违也，不亦善乎？如不善而莫之违也，不几乎一言而丧邦乎？"

鲁定公问：

"一句话能兴邦，

有这样的事吗？"

孔子讲：

"话不是那样说的，

一句话指一件事是有的。

比如说这句：

'做君主难，

做臣子也不容易。'

如果真知道做君主难，

君主都谨慎去做，

那不就是一句话能兴邦吗？"

鲁定公又问：

"一句话可以使国家灭亡，

有这样的事吗？"

孔子讲：

"没那么严重，

但此话有理。

有君主说：

'我觉得做君主没什么可快乐的，

唯一的快乐，

就是我说话没人敢不听'。

如果是说话正确，

没人敢违抗，

不是很好嘛?

如果是说错话，

没人敢违抗，

一句话就可让国家灭亡，

这不是不可能的呀？"

十六

叶公问政，子曰："近者说，远者来。"

叶公问治国，

孔子讲：

"近处的人幸福满满，

远处的人趋之若鹜。"

十七

子夏为莒父宰，问政，子曰："无欲速，无见小利。欲速则不达；见小利则大事不成。"

子夏做了莒父的地方长官，

问怎样治理，

孔子讲：

"不要急于求成，

不要贪图小利。

急于求成，

反而达不到目的；

追逐小利，

就干不成大事。"

十八

叶公语孔子曰："吾党有直躬者，其父攘羊，而子证之。"孔子曰："吾党之直者异于是：父为子隐，子为父隐，直在其中矣。"

叶公告诉我：

"我们那里的人直，

父亲偷羊，

儿子都能去告发。"

孔子讲:

"我们这里的人也直,

但和您那儿的不一样。

父亲替儿子隐瞒,

儿子替父亲隐瞒,

直的道理就在其中。"

十九

樊迟问仁,子曰:"居处恭,执事敬,与人忠。虽之夷狄,不可弃也。"

樊迟问怎样做文明人,

孔子讲:

"在家很恭敬生活起居端庄,

做事很敬业严肃认真,

为人很忠诚。

即使去文化落后的地方,

也不能背弃这些原则。"

二十

子贡问曰:"何如斯可谓之士矣?"子曰:"行己有耻,使于四方,不辱君命,可谓士矣。"曰:"敢问其次?"曰:"宗族称孝焉,乡党称弟焉。"曰:"敢问其次?"曰:"言必信,行必果,硁硁然小人哉,抑亦可以为次矣。"曰:"今之从政者何如?"子曰:"噫!斗筲之人,何足算也!"

子贡问:

"如何才算得上准君子?"

孔子讲：

"行为知羞耻，

出使在外不辱使命，

做到这些，

就是准君子。"

子贡又问：

"次一等的标准是什么？"

孔子讲：

"家族称赞他孝顺，

乡里人称赞他友爱。"

子贡又问：

"再次一等的标准是什么呢？"

孔子讲：

"言而有信，

做事果断。

固执起来会有些幼稚，

但也可以达到你说的标准。"

子贡问：

"现在从政的人怎样？"

孔子讲：

"这些人格局太小，

何足挂齿呀？"

二十一

子曰："不得中行而与之，必也狂狷乎！狂者进取，狷者有所不为也。"

孔子讲：

"找不到中庸的人与之交往，

也要找奋发向上的，

或洁身自好的。"

奋发向上的人努力进取，

洁身自好的人不做坏事。

二十二

子曰："南人有言曰：'人而无恒，不可以作巫医。'善夫！""不恒其德，
或承之羞。"子曰："不占而已矣。"

孔子讲：

"南方人有句话：

'人没有恒心，

就学不了巫医。'

这句话说得好啊！"

孔子引用《易经》说：

"人无恒心，

美德不保，

自取其辱。"

孔子最后总结说：

"无恒心的人不用占卜，

未来怎样一目了然。"

二十三

子曰："君子和而不同，小人同而不和。"

孔子讲：

"君子和谐相处，

但不盲目附和。

小人盲目附和，

却不能和谐相处。"

二十四

子贡问曰："乡人皆好之，何如？"子曰："未可也。""乡人皆恶之，何
如？"子曰："未可也。不如乡人之善者好之，其不善者恶之。"

子贡问：

"做到满村子都喜欢的人怎样？"

孔子讲：

"不好讲。"

子贡又问：

"那满村子都厌恶的人怎样？"

孔子讲：

"也不好讲。

好人都喜欢他，

坏人都厌恶他，

这样的人最好。"

二十五

子曰："君子易事而难说也，说之不以道，不说也，及其使人也，器之。小
人难事而易说也，说之虽不以道，说也，及其使人也，求备焉。"

孔子讲：

"君子手下做事容易，

讨他喜欢难。

阿谀奉承他是不接受的，

用人会量才而用；

小人手下做事难，

讨他喜欢很容易。

阿谀奉承是他的最爱，

用人时会求全责备。"

二十六

子曰："君子泰而不骄，小人骄而不泰。"

孔子讲：

"君子心平气和，

不骄傲自大。

小人骄傲自大，

也不心平气和。"

二十七

子曰："刚，毅，木，讷，近仁。"

孔子讲：

"刚强，

坚毅，

质朴，

谨慎，

这些都是文明人的素质。"

二十八

子路问曰："何如斯可谓之士矣？"子曰："切切偲偲，怡怡如也，可谓士矣。朋友切切偲偲，兄弟怡怡。"

子路问：

"怎样做才算是准君子？"

孔子讲：

"互相勉励，

共同进步，

和睦相处，

可以算是准君子。

朋友之间要相互勉励，

兄弟之间要和睦相处。"

二十九

子曰："善人教民七年，亦可以即戎矣。"

孔子讲：

"善于教导百姓，

只需七年时间，

就可以应对打仗了。"

三十

子曰："以不教民战，是谓弃之。"

孔子讲：

"不去教导百姓，

就让人去打仗，是抛弃他们，

等于让他们送死。"

宪问第十四

共四十四章

一

宪问耻，子曰："邦有道，谷。邦无道，谷，耻也。""克、伐、怨、欲，不行焉，可以为仁矣？"子曰："可以为难矣，仁则吾不知也。"

原宪问什么是可耻，

孔子讲：

"统治者关心百姓生活，

拿俸禄时理所当然。

统治者不关心百姓生活，

这时你拿俸禄，

就很可耻。"

原宪又问：

"好胜、自夸、怨恨、贪婪，

这些毛病都没有，

可算是文明人吗？"

孔子讲：

"可算的上难能可贵，

是否算的上文明人，

我还不能下结论。"

二
————————————

子曰："士而怀居，不足以为士矣。"

孔子讲：

"士人只为个人打算，

那他就不足以做士人。"

三
————————————

子曰："邦有道，危言危行；邦无道，危行言孙。"

孔子讲：

"执政者政治贤明，

就要说话正直，

行为也要正直；

执政者政治昏暗，

就要行为正直，

说话需要谨慎。"

四
————————————

子曰："有德者必有言，有言者不必有德。仁者必有勇，勇者不必有仁。"

孔子讲：

"有德之人，

必能讲出道理。

反之，

能讲出道理，

不一定是有德之人。

有信仰的人，

必定无所畏惧，

反之，

无所畏惧的人，

不一定是有信仰的人。"

五

南宫适问于孔子曰："羿善射，奡荡舟，俱不得其死然；禹、稷躬稼而有天下。"夫子不答。南宫适出，子曰："君子哉若人！尚德哉若人！"

南宫适问孔子：

"羿擅长射箭，

奡擅长水战，

却都没有善终；

禹和稷亲自下地，

靠种庄稼得天下，

这是为何。"

孔子没有回答。

南宫适走后，

孔子说道：

"此人君子！

此人崇德！"

六

子曰："君子而不仁者有矣夫，未有小人而仁者也。"

孔子讲：

"君子不文明的情况,

有时会有的,

可是小人呢,

从来就不讲文明。"

七

子曰:"爱之,能勿劳乎?忠焉,能勿诲乎?"

译文

孔子讲:

"爱他,

能不以辛劳劝勉吗?

忠于他,

能不以善言教诲他吗?"

八

子曰:"为命,裨谌草创之,世叔讨论之,行人子羽修饰之,东里子产润色之。"

译文

孔子讲:

"郑国撰写外交公文,

裨谌起草,

世叔提意见,

子羽修改,

最后,

由东里子产加工润色。"

九

或问子产,子曰:"惠人也。"问子西,曰:"彼哉!彼哉!"问管仲,曰:

"人也。夺伯氏骈邑三百，饭疏食，没齿无怨言。"

有人问子产怎样，

孔子讲：

"宽厚慈爱。"

问道子西怎样，

孔子讲：

"他呀！

他呀！"

问管仲怎样，

孔子讲：

"是个人才。

伯氏犯罪，

他剥夺了伯氏骈邑三百户的封地，

伯氏只能吃糠咽菜，

管仲执法公允，

伯氏心服口服，

始终毫无怨言。"

十

子曰："贫而无怨难，富而无骄易。"

孔子讲：

"贫穷无怨恨，

很难。

富裕了不骄傲，

相对容易。"

十一

子曰："孟公绰为赵、魏老则优，不可以为滕、薛大夫。"

孔子讲：

"孟公绰做晋国赵氏、魏氏的家臣，

绰绰有余。

做滕国和薛国这些小国的大夫，

能力不够。"

十二

子路问成人，子曰："若臧武仲之知、公绰之不欲、卞庄子之勇、冉求之艺，文之以礼乐，亦可以为成人矣。"曰："今之成人者何必然？见利思义，见危授命，久要不忘平生之言，亦可以为成人矣。"

子路问怎样做人完美，

孔子讲：

"有臧武仲那样明智，

有孟公绰那样不贪，

有卞庄子那样勇敢，

有冉求那样多才多艺，

还要再加上礼乐修养，

这样就接近完美了。"

孔子又讲：

"现在何定非要那样？

见到利益时，

想想道义。

遇到危机时，

肯牺牲自己。

长久的贫困，

也不忘曾经的诺言。

做到这些，

就可以了。"

十三

子问公叔文子于公明贾曰："信乎，夫子不言、不笑、不取乎？"公明贾对曰："以告者过也。夫子时然后言，人不厌其言；乐然后笑，人不厌其笑；义然后取，人不厌其取。"子曰："其然？岂其然乎？"

孔子向公明贾了解公叔文子时说：

"是真的吗？

听说他不说话、不微笑、不取财？"

公明贾回答说：

"说过分了。

他老人家该说则说，

没人会讨厌；

该笑才笑，

没人会讨厌；

该取则取，

也没人会讨厌。"

孔子讲：

"是吗？

真是这样吗？"

十四

子曰："臧武仲以防求为后于鲁，虽曰不要君，吾不信也。"

孔子讲：

"臧武仲在他鲁国的封地防城，

向国君请求立他的儿孙，

为鲁国的卿大夫。

尽管有人说他不是要挟，

可我是不相信的。"

十五

子曰："晋文公谲而不正，齐桓公正而不谲。"

孔子讲：

"晋文公诡诈，

不正派。

齐桓公正派，

不诡诈。"

十六

子路曰："桓公杀公子纠，召忽死之，管仲不死。"曰："未仁乎？"子曰："桓公九合诸侯，不以兵车。管仲之力也！如其仁！如其仁！"

子路说：

"齐桓公杀了公子纠，

他的师傅召忽自杀殉死。

但另一个师傅管仲，

却没有自杀。"

子路说：

"管仲这人不文明吧？"

孔子讲：

"齐桓公多次共商会盟，

不是依仗武力，

这是管仲的功劳！

他还是文明的！

他还是文明的！"

十七

子贡曰："管仲非仁者与？桓公杀公子纠，不能死，又相之。"子曰："管仲相桓公，霸诸侯，一匡天下，民到于今受其赐。微管仲，吾其被发左衽矣。岂若匹夫匹妇之为谅也，自经于沟渎而莫之知也？"

子贡说：

"管仲不文明吧？

齐桓公杀了他徒弟公子纠，

他不去殉死，

反而辅佐齐桓公。"

孔子讲：

"管仲辅佐齐桓公，

称霸诸侯，

匡正天下，

老百姓得到了好处。

如果没有管仲，

我们大概会披头散发，

衣襟朝左边开，

被野蛮人统治。

他不是平庸之辈，

难道会因小事上吊，

死了都没人知道吗？"

十八

公叔文子之臣大夫僎，与文子同升诸公。子闻之曰："可以为'文'矣。"

公叔文子的家臣大夫僎，

由文子推荐，

成了卫国的大臣。

孔子知道后说：

"公叔文子，

将来可用'文'做谥号了。"

十九

子言卫灵公之无道也，康子曰："夫如是，奚而不丧？"孔子曰："仲叔圉治宾客，祝鮀治宗庙，王孙贾治军旅，夫如是，奚其丧？"

孔子说卫灵公昏庸，

季康子说：

"既然这样，

为什么卫灵公没有倒台呢？"

孔子讲：

"他有仲叔圉办理外交，

祝鮀主管祭祀，

王孙贾统帅军队，

有贤人辅佐，

怎么会倒台呢？"

二十

子曰："其言之不怍，则为之也难。"

孔子讲：

"一个人说话大言不惭，

兑现起来可就难了。"

二十一

陈成子弑简公，孔子沐浴而朝，告于哀公曰："陈恒弑其君，请讨之。"公曰："告夫三子。"孔子曰："以吾从大夫之后，不敢不告也。君曰'告夫三子'者！"之三子告，不可。孔子曰："以吾从大夫之后，不敢不告也。"

齐国陈恒发动政变，

杀了齐简公。

孔子已经退休在家，

但沐浴更衣，

郑重其事地朝见鲁哀公，

告诉鲁哀公说：

"陈恒杀了他的君主，

请你出兵讨伐他"。

鲁哀公说：

"你去问问三位大夫吧。"

孔子退朝后，

跟弟子们说：

"我虽然退休了，

但不说是不行的。

国君却让我向别人汇报。"

孔子找了三位大夫，

他们都不同意出兵。

孔子依然讲：

"我虽然退休了，

不说是不行的。"

二十二

子路问事君，子曰："勿欺也，而犯之。"

子路问怎样侍奉君主，

孔子讲：

"不能欺骗，

但可以直言规劝。"

二十三

子曰："君子上达，小人下达。"

孔子讲：

"君子向上通达仁义，

小人向下通达财力。"

二十四

子曰："古之学者为己，今之学者为人。"

孔子讲：

"以前的人学习，

是为了充实学给自己用。

现在的人学习，

是为了装饰学给别人看。"

二十五

蘧伯玉使人于孔子，孔子与之坐而问焉，曰："夫子何为？"对曰："夫子欲寡其过而未能也。"使者出，子曰："使乎！使乎！"

蘧伯玉派使者去看望孔子，

孔子让座后问：

"蘧老先生现在怎样呀？"

使者回答说：

"老先生总是想避免犯错，

可还总是犯。"

使者告辞出去后，

孔子讲：

"这使者不赖呀！

这使者不赖呀！"

二十六

子曰："不在其位，不谋其政。"曾子曰："君子思不出其位。"

孔子讲：

"不在那个职位上，

就不要掺和那个职位上的事。"

曾子说：

"君子思考问题，

不超出自己的职权范围。"

二十七

子曰："君子耻其言而过其行。"

孔子讲：

"君子对于说得多做得少，

觉得可耻。"

二十八

子曰："君子道者三，我无能焉；仁者不忧，知者不惑，勇者不惧。"子贡曰："夫子自道也。"

孔子讲：

"君子有三条，

我一条都没做到：

做到有信仰，

就可无忧虑。

做到有智慧，

就可无烦恼。

做到有勇敢，

就可不怕死。"

子贡说：

"这正是先生自己呀。"

二十九

子贡方人，子曰："赐也贤乎哉？夫我则不暇。"

子贡议论他人，

孔子说：

"子贡啊，

你就那么好吗？

我没有闲工夫议论别人。"

三十

子曰："不患人之不己知，患其不能也。"

孔子讲：

"不要考虑别人是否了解自己，

要担心自己有无能耐。"

三十一

子曰："不逆诈，不亿不信，抑亦先觉者，是贤乎！"

孔子讲：

"不随意推测欺诈，

不随意推测不诚信，

但面对欺诈或不诚信，

能及早察觉，

这才是贤人啊！"

三十二

微生亩谓孔子曰："丘，何为是栖栖者与？无乃为佞乎？"孔子曰："非敢

为佞也，疾固也。”

微生亩对孔子说：

“孔丘啊，

你为什么总是这样忙碌不安定，

到处游说呢？

是不是卖弄口才呀？”

孔子讲：

“岂敢卖弄，

我只是讨厌顽固不化的人。”

三十三

曰：“骥不称其力，称其德也。”

孔子讲：

“所谓千里马，

不是赞美它的力量，

而是赞美它的品德与精神。”

三十四

或曰：“以德报怨，何如？”子曰：“何以报德？以直报怨，以德报德。”

有人问：

“以德报怨，

怎样呢？”

孔子讲：

“那用什么来报德呢？

要用正直来报怨，

以恩德报恩德。"

三十五

子曰："莫我知也夫！"子贡曰："何为其莫知子也？"子曰："不怨天，不尤人，下学而上达。知我者其天乎！"

孔子讲：

"没有人了解我啊！"

子贡说：

"怎么会呢？"

孔子讲：

"我不怨天，

也不埋怨谁，

探求真理不负使命，

我想只有上天了解我吧！"

三十六

公伯寮愬子路于季孙。子服景伯以告，曰："夫子固有惑志于公伯寮，吾力犹能肆诸市朝。"子曰："道之将行也与，命也；道之将废也与，命也。公伯寮其如命何？"

公伯寮在季孙氏面前控告子路，

鲁国大夫子服景伯告诉了孔子，

并说：

"季孙氏已被公伯寮迷惑了，

但我还是有能力干掉他让他的尸首街头示众。"

孔子讲：

"道义得到伸张，

那是天命；

道义得不到伸张，

那也是天命。

公伯寮能把天命改变吗？"

三十七

子曰："贤者辟世，其次辟地，其次辟色，其次辟言。"子曰："作者七人矣。"

孔子讲：

"贤人遇乱世，

能躲藏就躲藏，

能逃亡就逃亡，

能不拉长脸就不拉，

能不发牢骚就不发。"

孔子讲：

"这样做的人有七个了。"

三十八

子路宿于石门，晨门曰："奚自？"子路曰："自孔氏。"曰："是知其不可而为之者与？"

子路在石门过夜，

早上开城门的人说：

"你昨晚打哪儿来？"

子路说：

"从孔家来。"

那人说：

"是那个明知不可能，

还要继续做下去的人吗？"

三十九

子击磬于卫，有荷蒉而过孔氏之门者，曰："有心哉，击磬乎！"既而曰："鄙哉，硁硁乎！莫己知也！斯己而已矣。'深则厉，浅则揭'。"子曰："果哉！末之难矣。"

孔子在卫国，

有一天正在击磬，

有个人挑着草筐从门前经过，

这人说：

"这个击磬的，

太有心事了！"

听了一会儿又说：

"有点儿俗，

我听出来了！硁硁的声。

是没人理解他！

没人理解也就只能这样了吧。

'水深，

穿着衣服过。

水浅，

挽起衣服过'。"

孔子讲：

"他说话干脆，

难以反驳。"

四十

子张曰："《书》云：'高宗谅阴，三年不言。'何谓也？"子曰："何必
高宗，古之人皆然。君薨，百官总己以听于冢宰三年。"

子张说：

"《尚书》上说，

殷高宗守丧，

三年不议政，

这是什么意思？"

孔子讲：

"不仅高宗，

古人都这样。

国君死了，

继位君主不问政事，

文武百官各司其职，

听命于冢宰命令达三年。"

四十一

子曰："上好礼，则民易使也。"

孔子讲：

"执政者崇尚礼，

老百姓就容易管理。"

四十二

子路问君子，子曰："修己以敬。"曰："如斯而已乎？"曰："修己以安人。"曰："如斯而已乎？"曰："修己以安百姓。修己以安百姓，尧舜其犹病诸！"

子路问怎样做君子，

孔子讲：

"修正自己恭敬谦逊。"

子路说：

"就这样吗？"

孔子讲：

"修正自己让旁人安乐。"

子路又问：

"就这么些吗？"

孔子讲：

"修正自己让百姓安乐。

修正自己让百姓安乐，

尧舜还担心自己不能完全做到呢！"

四十三

原壤夷俟，子曰："幼而不孙弟，长而无述焉，老而不死，是为贼。"以杖叩其胫。

原壤叉腿坐着等孔子，

孔子讲：

"你年幼时就不守孝悌不懂规矩，

长大了没作为无可称道，

老了还不死，

真是害人的家伙。"

说完用拐杖敲击原壤的小腿，

让他把腿收回去。

四十四

阙党童子将命，或问之曰："益者与？"子曰："吾见其居于位也，见其与先生并行也。非求益者也，欲速成者也。"

阙党地方的一个小年轻，

代表主人向孔子传话，

有人问孔子：

"这个小年轻有前途吗？"

孔子讲：

"我见他坐在大人位子上，

又与长辈并排走路，

这是没前途的人，

是急于求成的人。"

卫灵公第十五

共四十二章

一

卫灵公问陈于孔子。孔子对曰："俎豆之事，则尝闻之矣；军旅之事，未之学也。"明日遂行。

卫灵公问孔子军队怎样列阵。

孔子讲：

"祭祀礼仪的事情，

我学过；

军事方面的事情，

我没学过。"

第二天，

孔子就离开了卫国。

二

在陈绝粮，从者病，莫能兴。子路愠见曰："君子亦有穷乎？"子曰："君子固穷，小人穷，斯滥矣。"

孔子在陈国断粮了，

弟子们饿得都病了，全都站不起来。

子路埋怨孔子说：

"君子也有犯穷的时候吗？"

孔子讲：

"君子犯穷也还是君子，

小人犯穷可就胡来了。"

三

子曰："赐也，女以予为多学而识之者与？"对曰："然，非与？"曰："非也，予一以贯之。"

孔子讲：

"子贡呀，

你以为我的学问，

是很多知识汇集而成的吗？"

子贡回答说：

"是呀，

难道不是吗？"

孔子讲：

"不是，

我的学问是由一条主线贯穿的。"

四

子曰："由，知德者鲜矣！"

孔子讲：

"仲由呀，

把德看重的人太少了啊！"

五

子曰："无为而治者，其舜也与？夫何为哉？恭己正南面而已矣。"

孔子讲：

"不费力气就能天下太平，

大概只有舜做到吧？

他是怎么做的呢？

他只是以恭敬庄重的态度，

面向南端坐在王位上。"

六

子张问行，子曰："言忠信，行笃敬，虽蛮貊之邦，行矣。言不忠信，行不笃敬，虽州里，行乎哉？立则见其参于前也；在舆则见其倚于衡也，夫然后行。"

子张书诸绅。

子张问怎样才能行得通，

孔子讲：

"说话言而有信，

行为敬业实在，

即使到边远落后地区，

照样行得通；

说话不可靠，

行为不实在，

就是在家门口行得通吗？

即使站着，

仿佛看见'忠信笃敬'展现在面前；

即使坐车，

仿佛看见这几个字刻在车上。

牢记它们，

走到哪儿都行得通。"

子张把孔子的话写在衣带上。

七

子曰："直哉史鱼！邦有道如矢，邦无道如矢。君子哉蘧伯玉！邦有道则仕，邦无道则可卷而怀之。"

孔子讲：

"史鱼太直了！

社会太平，

直的像箭一样，

社会混乱，

直的也像箭一样。

蘧伯玉是个君子!

社会太平，

他出来做官，

社会混乱，

他就隐居起来。"

八

子曰："可与言而不与之言，失人；不可与言而与之言，失言。知者不失人，亦不失言。"

孔子讲：

"可以和他说而没与他说，

这是错失人才；

不该说而说，

这是说错话。

聪明人不错过人才，

也不说错话。"

九

子曰："志士仁人，无求生以害仁，有杀身以成仁。"

孔子讲：

"有志于信仰的人，

不会因怕死而玷污信仰。

为成就信仰，

不惜献出生命。"

十

子贡问为仁，子曰："工欲善其事，必先利其器。居是邦也，事其大夫之贤者，友其士之仁者。"

子贡问如何成为文明人，

孔子讲：

"工匠要想活儿做得好，

工具必须要打磨锋利。

住在这个国家，

就要亲近贤德之人，

与文明人交朋友。"

十一

颜渊问为邦，子曰："行夏之时，乘殷之辂，服周之冕，乐则《韶》《舞》。放郑声，远佞人。郑声淫，佞人殆。"

颜渊问怎样治国，

孔子讲：

"推行夏朝历法，

乘殷朝的车，

戴周朝的礼帽，

礼乐用《韶》《舞》；

舍弃郑国的音乐，

疏远小人。

郑国的音乐淫靡，

谄媚的小人危险。"

十二

子曰: "人无远虑，必有近忧。"

孔子讲:

"人没有长远打算，一定会有眼前的忧患"。

十三

子曰: "已矣乎! 吾未见好德如好色者也。"

孔子讲

"罢了!

我从来没见过这样的人，

喜好美德如同喜好美色。"

十四

子曰: "臧文仲其窃位者与! 知柳下惠之贤，而不与立也。"

孔子讲:

"臧文仲是窃取官位的人吧!

明知柳下惠贤才，

却不向国君举荐给他官位。"

十五

子曰: "躬自厚而薄责于人，则远怨矣。"

孔子讲:

"多反省自己少苛求别人，

就不会遭人怨了。"

十六

子曰："不曰'如之何，如之何'者，吾末如之何也已矣。"

孔子讲：

"从不说这事'该咋办，该咋办'的人，

我对这种人实在帮不上忙。"

十七

子曰："群居终日，言不及义，好行小慧，难矣哉！"

孔子讲：

"整天聚在一起，

说话没个正经，

总是耍小聪明，

这种人没出息很难教导啊！"

十八

子曰："君子义以为质，礼以行之，孙以出之，信以成之。君子哉！"

孔子讲：

"君子做人，

以道义为本制订原则，

以礼仪实行原则，

以谦逊说出原则，

以诚信完成原则，

这才是真正的君子呀！"

十九

子曰："君子病无能焉，不病人之不己知也。"

孔子讲：

"君子只担心自己没有才能

不担心别人不了解自己。"

二十

子曰："君子疾没世而名不称焉。"

孔子讲：

"君子最怕死后名声不被称道啊。"

二十一

子曰："君子求诸己，小人求诸人。"

孔子讲：

"君子要求自己，

小人苛求别人。"

二十二

子曰："君子矜而不争，群而不党。"

孔子讲

"君子自重与人无争，

合群但不拉帮结伙。"

二十三

子曰："君子不以言举人,不以人废言。"

孔子讲:

"君子不以言论提拔谁,

也不因为一个人有缺点而废弃他好的言论。"

二十四

子贡问曰:"有一言而可以终身行之者乎?"子曰:"其恕乎!己所不欲,勿施于人。"

子贡问道:

"有没有一句话可以享用终身的?"

孔子讲:

"那就是'恕'吧!

自己不想要的,

不要强加给别人。"

二十五

子曰:"吾之于人也,谁毁谁誉?如有所誉者,其有所试矣。斯民也,三代之所以直道而行也。"

孔子讲:

"我对于别人,

诋毁过谁?

赞誉过谁?

如果我称赞过的,

那一定是要经过考验。

有了这样的人，

夏商周三代就能直行，

因为他们走正道。"

二十六

子曰："吾犹及史之阙文也，有马者借人乘之，今亡矣夫！"

孔子讲：

"史书也有存疑之处。

说有马的人，

先借给别人用，

等别人用完了，

自己再用。

这种风气反正现在没有了！"

二十七

子曰："巧言乱德，小不忍则乱大谋。"

孔子讲：

"花言巧语能使人偏离正轨，

小的事情不能忍，

往往会坏了大的谋略。"

二十八

子曰："众恶之，必察焉；众好之，必察焉。"

孔子讲：

"大家都厌恶他,

一定要去明察;

大家都喜欢他,

也一定要去明察。"

二十九

子曰: "人能弘道, 非道弘人。"

孔子讲:

"人弘扬真理,

而不是真理弘扬人。"

三十

子曰: "过而不改, 是谓过矣。"

孔子讲:

"有错误不改,

那才是真的错。"

三十一

子曰: "吾尝终日不食, 终夜不寝, 以思, 无益, 不如学也。"

孔子讲:

"我曾经整天不吃不睡,

冥思苦想,

但没啥好处,

不如去学习啊。"

三十二

子曰："君子谋道不谋食。耕也，馁在其中矣；学也，禄在其中矣。君子忧道不忧贫。"

孔子讲：

"君子致力于事业有成，

而不满足于吃穿。

耕田，

也有挨饿的时候，

如果学而有成，

就可衣食无忧。

君子担心的是事业而不是贫穷。"

三十三

子曰："知及之，仁不能守之，虽得之，必失之。知及之，仁能守之，不庄以莅之，则民不敬。知及之，仁能守之，庄以莅之，动之不以礼，未善也。"

孔子讲：

"凭借聪明才智可以有种种收获，

但如果没有信仰，

得到的也一定会失去。

凭借聪明才智得到收获，

能坚持信仰，

但是行使职权的态度不认真不庄重，

那周围人也不会尊敬你。

凭借聪明才智得到收获，

也能坚持信仰，

也能以庄重态度行使职权，

但礼制方面做得不好，

那也是不行的。"

三十四

子曰："君子不可小知而可大受也，小人不可大受而可小知也。"

孔子讲：

"君子小事不一定行，

但可承担大任，

小人不能承担大任，

但小事在行。"

三十五

子曰："民之于仁也，甚于水火。水火，吾见蹈而死者矣，未见蹈仁而死者也。"

孔子讲：

"百姓对信仰的需求，

比对水火的需求更迫切。

我见过因水灾火灾死人的情况，

没见过因追求信仰而死的。"

三十六

子曰："当仁不让于师。"

孔子讲：

"追求信仰，

不必请示谁，

哪怕他是你的老师。”

三十七

子曰："君子贞而不谅。"

孔子讲：

"君子守信但不固执。"

三十八

子曰："事君，敬其事而后其食。"

孔子讲：

"侍奉君主，

先老实办事，

后考虑俸禄。"

三十九

子曰："有教无类。"

孔子讲：

"每个人都能教育，

不分三六九等。"

四十

子曰："道不同，不相为谋。"

孔子讲：

"思想观念不同，

没必要在一起交流。"

四十一

子曰："辞达而已矣。"

孔子讲：

"言辞足以表达意思就行了。"

四十二

师冕见，及阶，子曰："阶也。"及席，子曰："席也。"皆坐，子告之曰："某在斯，某在斯。"师冕出。子张问曰："与师言之道与？"子曰："然，固相师之道也。"

盲人乐师冕来见孔子，

他走近台阶，

孔子告诉他：

"这是台阶。"

他走近座席，

孔子告诉他：

"这是座席。"

都坐定了，

孔子告诉他：

"某某人坐在这里，

某某人坐在那里。"

等他走后，

子张问道：

"老师刚才的做法有什么说道吗？"

孔子讲：

"当然有，

对盲人乐师，

就要像我刚才那样做。"

季氏第十六

共十四章

一

季氏将伐颛臾，冉有、季路见于孔子曰："季氏将有事于颛臾。"孔子曰："求，无乃尔是过与？夫颛臾，昔者先王以为东蒙主，且在邦域之中矣，是社稷之臣也。何以伐为？"冉有曰："夫子欲之，吾二臣者皆不欲也。"孔子曰："求，周任有言曰：'陈力就列，不能者止。'危而不持，颠而不扶，则将焉用彼相矣？且尔言过矣，虎兕出于柙，龟玉毁于椟中，是谁之过与？"冉有曰："今夫颛臾，固而近于费，今不取，后世必为子孙忧。"孔子曰："求，君子疾夫舍曰欲之而必为之辞。丘也闻有国有家者，不患寡而患不均，不患贫而患不安。盖均无贫，和无寡，安无倾。夫如是，故远人不服，则修文德以来之，既来之，则安之。今由与求也，相夫子，远人不服而不能来也，邦分崩离析而不能守也，而谋动干戈于邦内。吾恐季孙之忧，不在颛臾，而在萧墙之内也。"

季氏要兴兵攻打颛臾，

冉有、季路拜见孔子说：

"季氏将对颛臾动武。"

孔子讲：

"求呀，

你没有过错吗？

这个颛臾，

上代的国君让他主持东蒙地区的祭祀，

而且就在鲁国境内，

是国家的重要臣属，

为什么要去攻打？"

冉有说：

"主人要这么干，

我们两人都不同意呀。"

孔子讲：

"周任有句话：

'根据自己才力任职，

不能胜任就辞职。'

遇到危险不提醒，

将要摔倒不去扶，

那还要你导盲辅佐的人干什么？

而且你的话说错了。

老虎、犀牛从笼子里跑了，

龟甲、玉器在木匣中碎了，

这又是谁的责任呢？"

冉有说：

"如今颛臾城墙坚固，

而且离费邑很近，

现在不攻取它，

后世必成子孙祸患。"

孔子讲：

"冉求！

君子厌恶不说实话找借口。

我听说，

一个国或一个家，

不怕贫困，

只怕财富不均；

不怕民户寡少，

只怕不和睦。

这样做，

如果别国人还不服，

再用礼乐制度吸引他们。

只要有人被吸引来，

就安顿他们。

现在你们二人帮助季氏，

别国的人不归服也不来，

国内四分五裂都不能自保，

反而想对外动武，

我看他季氏之忧，

不在颛臾，

是在他自己家的院墙内。"

二

孔子曰："天下有道，则礼乐征伐自天子出；天下无道，则礼乐征伐自诸侯出。自诸侯出，盖十世希不失矣；自大夫出，五世希不失矣；陪臣执国命，三世希不失矣。天下有道，则政不在大夫。天下有道，则庶人不议。"

孔子讲：

"天下太平，

礼乐和征伐，

由天子做主；

天下不太平，

礼乐和征伐，

由诸侯做主。

诸侯做主时期，

政权传不过十代；

大夫做主时期，

政权传不过五代；

家臣做主时期，

政权传不过三代。

天下太平时，

国君掌权而不是大夫，

百姓也没有非议。"

三

孔子曰："禄之去公室五世矣，政逮于大夫四世矣，故夫三桓之子孙微矣。"

孔子讲：

"鲁国没有国君，

已经有五代了。

政权掌握在大夫季氏手里，

已经有四代了。

现在家臣又控制了大权，

他们的子孙现在也没落了。"

四

孔子曰："益者三友，损者三友。友直，友谅，友多闻，益矣。友便辟、友善柔、友便佞，损矣。"

孔子讲：

"有益的朋友三种，

有害的朋友三种。

与正直的人交友，

与诚信宽厚的人交友，

与知识渊博的人交友，

有好处。

与虚伪谄媚的人交友，

与外表柔顺内心奸诈的人交友，

与夸夸其谈花言巧语的人交友，

有害处。"

五

孔子曰："益者三乐，损者三乐。乐节礼乐，乐道人之善，乐多贤友，益矣。乐骄乐，乐佚游，乐宴乐，损矣。"

孔子讲：

"有益的爱好有三种，

有害的爱好也有三种。

用礼乐节制自己，

多说别人的好处，

结交很多德才兼备的朋友，

这些都是有益的。

骄纵放肆，

游手好闲，

宴饮无度，

这些都是有害的。"

六

孔子曰："侍于君子有三愆：言未及之而言，谓之躁；言及之而不言，谓之隐；未见颜色而言，谓之瞽。"

孔子讲：

"陪君子说话，

容易出现三种过失：

抢先说话，

叫急躁；

该说不说，

叫隐瞒；

不察言观色贸然出声，

叫盲目。"

七

孔子曰："君子有三戒：少之时，血气未定，戒之在色；及其壮也，血气方刚，戒之在斗；及其老也，血气既衰，戒之在得。"

孔子讲：

"君子有三戒：

少年时，

血气不成熟，

要戒色；

壮年时，

血气方刚，

要戒斗；

老年时，

血气衰退，

要戒贪。"

八

孔子曰："君子有三畏：畏天命，畏大人，畏圣人之言。小人不知天命而不畏也，狎大人，侮圣人之言。"

孔子讲：

"君子有三件敬畏的事：

敬畏天命，

敬畏比自己强的人，

敬畏圣人。

小人不懂天命而无所畏惧，

轻视比自己强的人，

侮慢蔑视圣人的教诲。"

九

孔子曰："生而知之者，上也；学而知之者，次也；困而学之，又其次也；困而不学，民斯为下矣。"

孔子讲：

"生来就知道是有天赋的人，

是上等最好的；

经过学习才知道的人，

是次一等的，也很好；

遇到困难再去学的人，

是又次一等的，也不错；

遇到困难还不学的人，

这种人是下等的，最差。"

十

孔子曰："君子有九思：视思明，听思聪，色思温，貌思恭，言思忠，事思敬，疑思问，忿思难，见得思义。"

孔子讲：

"君子有九种思考：

看要思考看明白没，

听要思考听清楚没，

待人接物时面色要思考是否温和，

说话要思考是否诚恳，

办事要思考是否认真，

遇到问题要思考如何请教，

生气时要顾虑和思考后患，

看到收益要思考是否恰当。"

十一

孔子曰："见善如不及，见不善如探汤。吾见其人矣，吾闻其语矣。隐居以求其志，行义以达其道。吾闻其语矣，未见其人也。"

孔子讲：

"看到别人走正路，

就想去学习，

生怕自己落后；

看到别人走歪路，

就马上躲开，

像手碰到开水一样。

我见过这种人，

也听过类似的话。

通过隐居的方式，

求志行义达其道。

这种话我听人说过，

这种人我却没见过。"

十二

齐景公有马千驷，死之日，民无德而称焉。伯夷、叔齐饿于首阳之下，民到于今称之。（"成不以富，亦祇以异。"）其斯之谓与？"

齐景公有四千匹马，

他死的时候，

没人说他好话；

伯夷、叔齐饿死在首阳山下，

人们至今还称赞他们。

"（人是否受到称赞不在于财富多少，

只在于品德不同。）

说的就是这个意思吧？"

十三

陈亢问于伯鱼曰："子亦有异闻乎？"对曰："未也。尝独立，鲤趋而过庭，曰：'学《诗》乎？'对曰：'未也。''不学《诗》，无以言。'鲤退而学《诗》。他日，又独立，鲤趋而过庭，曰：'学《礼》乎？'对曰：'未也。''不学《礼》，无以立。'鲤退而学《礼》。闻斯二者。"陈亢退而喜曰："问一得三，闻《诗》，闻《礼》，又闻君子之远其子也。"

陈亢向孔鲤问道：

"你父亲教过秘诀吗？"

孔鲤回答说：

"没有啊。

有一次他独自站在庭院中，

我轻步地走过去，

他问我：

'学《诗经》了吗？'

我回答说：

'还没有。'

他说：

'不学《诗经》，

就不会说话。'

我就开始学《诗经》。

有一天，

他一个人又站在那里，

当我走过庭院，

他问：

'学礼了吗？'

我回答说：

'还没有。'

他说：

'不学礼，

就不能立足于社会。'

我就开始学礼。

就这两次有点儿特别。"

陈亢回去高兴地说：

"问一个问题却得到三点收获，

一是要学《诗经》，

二是要学礼，

三是君子不偏私自己儿子。"

十四

邦君之妻，君称之曰夫人，夫人自称曰小童；邦人称之曰君夫人，称诸异邦曰寡小君；异邦人称之亦曰君夫人。

国君的妻子，

国君称她是夫人，

她自称是小童；

国内人称她是君夫人，

但对外国人，

就称她是寡小君；

外国人称呼她也叫君夫人。

阳货第十七

一

　　阳货欲见孔子，孔子不见，归孔子豚。孔子时其亡也，而往拜之，遇诸涂。谓孔子曰："来！予与尔言。"曰："怀其宝而迷其邦，可谓仁乎？"曰："不可。""好从事而亟失时，可谓知乎？"曰："不可。""日月逝矣，岁不我与。"孔子曰："诺，吾将仕矣。"

　　阳货想让孔子去见他，

　　孔子不去拜见，

　　他便送礼，

　　一只蒸熟的小猪。

　　孔子（只能回礼，）

　　故意选择他不在家的时候去，

　　不巧他们在路上遇见了。

　　阳货对孔子说：

　　"过来！

　　我有话跟你说。"

　　阳货说：

　　"把自己的本事藏起来，

　　却坐视国家迷乱不去拯救，

　　这个人可算是有信仰的人吗？"

　　孔子讲：

　　"不是。"

　　阳货继续说：

"一个人想参政，

却屡屡错失机会，

这个人是聪明吗？"

孔子讲：

"不是。"

阳货接着说：

"时间一天天过去，

岁月可是不等人啊！"

孔子讲：

"好吧，

我快要出来做事了。"

二

子曰："性相近也，习相远也。"

孔子讲：

"人性总是相似的，

习性总是不一样的。"

三

子曰："唯上知与下愚不移。"

孔子讲：

"最爱学习和最不爱学习，

这两种情况最不易改变。"

四

子之武城，闻弦歌之声。夫子莞尔而笑，曰："割鸡焉用牛刀？"子游对曰：

230

"昔者偃也闻诸夫子曰：'君子学道则爱人，小人学道则易使也。'"子曰："二三子，偃之言是也！前言戏之耳。"

（孔子学生子游，

在武城一个小地方做官，）

孔子到了武城，

听到琴瑟歌咏之声。

孔子莞尔一笑说：

"杀鸡何必用宰牛刀？"

子游回答说：

"以前我听老师说过：

君子学礼乐，

则有爱民之心，

百姓学礼乐，

就容易听指挥。"

孔子讲：

"同学们，

子游的话对呀！

我刚才不过是开玩笑罢了。"

五

公山弗扰以费畔，召，子欲往。子路不说，曰："末之也已，何必公山氏之之也？"子曰："夫召我者，而岂徒哉？如有用我者，吾其为东周乎！"

公山弗扰占据费邑叛乱，

前来召请孔子，

孔子有去的打算。

子路不高兴地说：

"没地方去就算了，

何必到公山氏那里去呢？"

孔子讲：

"叫我去的人，

难道会让我白去吗？

如果有人用我，

我也许会使鲁国成为东方周王朝，

使礼乐制度复兴！"

六

子张问仁于孔子，孔子曰："能行五者于天下，为仁矣。"请问之，曰："恭，宽，信，敏，惠。恭则不侮，宽则得众，信则人任焉，敏则有功，惠则足以使人。"

子张问孔子文明人怎样做，

孔子讲：

"文明人要做到以下五个方面。"

子张问：

"是哪五个方面？"

孔子讲；

"恭敬，

宽厚，

诚信，

勤快，

恩惠。

恭敬（能得到尊敬）不会招致侮辱，

宽厚能得到拥护，

诚信能得到信任，

勤快能得到成功，

恩惠能得到服从。"

七

佛肸召，子欲往。子路曰："昔者由也闻诸夫子曰：'亲于其身为不善者，
君子不入也。'佛肸以中牟畔，子之往也，如之何？"子曰："然，有是言也。
不曰坚乎，磨而不磷；不曰白乎，涅而不缁。吾岂匏瓜也哉？焉能系而不食？"

佛肸召见孔子，

孔子打算去，

子路说：

"过去我听老师说过：

'亲身做坏事的人那里，

君子是不会到那里去的。'

佛肸在中牟叛乱，

先生您却要去他那里，

这怎么说得通呢？"

孔子讲：

"对，

我是说过这话。

但我不也说过坚硬的东西，

磨也磨不薄这话吗；

不是也说过洁白的东西，

染也染不黑这话吗。

我去了不是被他染黑，

而是把他变白。

我难道只是一个匏瓜，

苦不拉几不能吃，

只能没用地挂在那里吗？"

八

子曰："由也，女闻六言六蔽矣乎？"对曰："未也。""居！吾语女。好仁不好学，其蔽也愚；好知不好学，其蔽也荡；好信不好学，其蔽也贼；好直不好学，其蔽也绞；好勇不好学，其蔽也乱；好刚不好学，其蔽也狂。"

孔子讲：

"子路呀，

你听说过六种美德和六种弊端吗？"

子路说：

"没有。"

孔子讲：

"坐下！

我告诉你，

好文明却不喜欢学习，

那弊端是愚蠢；

好聪明却不喜欢学习，

那弊端是放纵；

好诚实却不喜欢学习，

那弊端是狭隘容易被人利用伤害；

好直率却不喜欢学习，

那弊端是说话尖刻；

好勇敢却不喜欢学习，

那弊端是闯祸；

好刚强却不喜欢学习，

那弊端是狂妄。"

九

子曰："小子何莫学夫《诗》？《诗》可以兴，可以观，可以群，可以怨。迩之事父，远之事君，多识于鸟兽草木之名。"

孔子讲：

"同学们，

你们为什么不学习《诗经》呢？

它可以启发思维激发心智，

它可以提高观察事物的能力，

它可以增进和睦培养群体观念，

它可以学习如何表达哀怨和讽刺。

近可以利于更好的侍奉父母，

远可以利于更好的侍奉君主，

此外还能多认识一些花草鸟兽的名称。"

十

子谓伯鱼曰："女为《周南》《召南》矣乎？人而不为《周南》《召南》，其犹正墙面而立也与！"

孔子对儿子讲：

"你读过《周南》《召南》吗？

一个人不读《周南》《召南》，

视野就像被一堵墙挡住了而无法远望。"

十一

子曰："礼云礼云，玉帛云乎哉？乐云乐云，钟鼓云乎哉？"

孔子讲：

"礼呀礼呀，

难道说的只是玉帛这些礼器吗？

乐呀乐呀，

难道指的仅是钟鼓这些乐器吗？"

十二

子曰："色厉而内荏，譬诸小人，其犹穿窬之盗也与？"

孔子讲：

"色厉内荏，

实属小人，

表面虚张声势，

内心就是挖洞行窃的小偷吧？"

十三

子曰："乡愿，德之贼也。"

孔子讲：

"失去原则的老好人，

是最没有道德的人。"

十四

子曰："道听而途说，德之弃也。"

孔子讲：

"在路上听到就四处传播，是背弃道德的行径，

（这样做很成问题。）"

十五

子曰："鄙夫可与事君也与哉？其未得之也，患得之；既得之，患失之。苟患失之，无所不至矣。"

孔子讲：

"一个卑鄙恶劣的人，

能与他一起侍奉君主吗？

他没有得到官职时，

担心得不到；

已经得到了，

又担心失去。

如果老是担心失去官职，

那他什么事都能干的出来。"

十六

子曰："古者民有三疾，今也或是之亡也。古之狂也肆，今之狂也荡；古之矜也廉，今之矜也忿戾；古之愚也直，今之愚也诈而已矣。"

孔子讲：

"古代的百姓有三个毛病，

现在的人或许见不到了。

古代的人'狂'是奔放，

237

现在的人'狂'是放纵；

古代的人'矜持'是有棱角，

现在的人'矜持'是骄横；

古代的人'愚笨'是憨直，

现在的人'愚笨'是欺诈伪装。"

十七

子曰："巧言令色，鲜矣仁。"

孔子讲：

"花言巧语虚言假色，

文明人是很少这样做的。"

十八

子曰："恶紫之夺朱也，恶郑声之乱雅乐也，恶利口之覆邦家者。"

孔子讲：

"讨厌紫色夺去红色的光彩，

厌恶郑国的淫乐扰乱了雅乐，

憎恨巧言善辩而颠覆国家的人。"

十九

子曰："予欲无言。"子贡曰："子如不言，则小子何述焉？"子曰："天何言哉？四时行焉，百物生焉，天何言哉？"

孔子讲：

"我不想再说什么了。"

子贡说：

"您如果不说,

那我们这些学生传述什么呢?"

孔子讲:

"老天何曾说话?

还不是四季照常运行,

万物照常生长,

老天说话吗?"

二十

孺悲欲见孔子,孔子辞以疾。将命者出户,取瑟而歌,使之闻之。

孺悲想见孔子,

孔子推说有病拒见。

传话的人刚出门口,

孔子取下瑟弹唱了起来,

故意让孺悲听见。

二十一

宰我问:"三年之丧,期已久矣。君子三年不为礼,礼必坏;三年不为乐,乐必崩。旧谷既没,新谷既升,钻燧改火,期可已矣。"子曰:"食夫稻,衣夫锦,于女安乎?"曰:"安!""女安则为之!夫君子之居丧,食旨不甘,闻乐不乐,居处不安,故不为也。今女安,则为之!"宰我出,子曰:"予之不仁也!子生三年,然后免于父母之怀。夫三年之丧,天下之通丧也。予也有三年之爱于其父母乎!"

宰我问道:

"子女守孝三年,

时间也太长了吧!

君子三年不参加礼仪,

那礼一定会生疏;

三年不练音乐,

那音乐会忘记。

陈谷子吃完,

新谷子又长出来,

钻木取火的木头也都换了一遍,

是不是一年就可以了。"

孔子讲:

"父母去世不到三年,

你就吃白米饭,

穿锦缎衣,

对你来说心安吗?"

宰我说:

"我心安。"

孔子讲:

"你要觉得心安,

就去那样做吧!

君子守孝时,

吃饭没味道,

听音乐不快乐,

起卧不安心,

所以才不像你那样做。

如今你那么心安理得,

你就那么去做吧!"

宰我退出去了。

孔子讲：

"宰我太不文明了！

孩子生下来，

三年后才能离开父母怀抱。

为父母守孝三年，

是全天下的规矩，

难道他父母没有抱他三年吗？"

二十二

子曰："饱食终日，无所用心，难矣哉！不有博弈者乎？为之，犹贤乎已。"

孔子讲：

"整天吃饱不用心思，

这样可不行啊！

不是有下棋的游戏吗？

下下棋，

也胜过没事可做呀。"

二十三

子路曰："君子尚勇乎？"子曰："君子义以为上。君子有勇而无义为乱，小人有勇而无义为盗。"

子路说：

"君子崇尚勇敢吗？"

孔子讲：

"君子把义看得最高。

君子有勇没义，

就会犯上作乱。

小人有勇没有义，

就会做强盗。"

二十四

子贡曰："君子亦有恶乎？"子曰："有恶。恶称人之恶者，恶居下流而讪上者，恶勇而无礼者，恶果敢而窒者。"曰："赐也亦有恶乎？""恶徼以为知者，恶不孙以为勇者，恶讦以为直者。"

子贡说：

"君子也有厌恶的人吗？"

孔子讲：

"有厌恶的人。

厌恶宣扬别人过错的人，

厌恶讲上级坏话的人，

厌恶好勇斗狠的人，

厌恶果敢而顽固不化的人。"

孔子又讲：

"子贡，

你有厌恶的人吗？"

子贡回答说：

"厌恶弄虚作假而自以为聪明的，

厌恶不谦虚而自以为勇敢的，

厌恶揭人隐私而自以为直率的。"

二十五

子曰："唯女子与小人为难养也，近之则不孙，远之则怨。"

孔子讲：

"女人儿童培养难且不易难处，

亲近他们就会无礼，

疏远一些他们就会抱怨。"

二十六

子曰："年四十而见恶焉，其终也已。"

孔子讲：

"一个人四十岁了还让人厌恶，

他这辈子也就算是完了。"

微子第十八

共十一章

一

微子去之，箕子为之奴，比干谏而死。孔子曰："殷有三仁焉。"

（纣王暴虐无道，）

微子离他而去，

箕子沦为奴隶，

比干劝谏而惨死。

孔子讲：

"殷（商）有三位怀揣信仰的人啊。"

二

柳下惠为士师，三黜。人曰："子未可以去乎？"曰："直道而事人，焉往而不三黜？枉道而事人，何必去父母之邦？"

柳下惠（在鲁国）做司法官，

多次被免职。

有人说：

"你为什么不到别处做官呢？"

柳下惠说：

"坚持原则办事，

去哪儿都免职吧？

放弃原则办事，

（哪儿都能当官，）

又何必要离开自己的祖国呢？"

三

齐景公待孔子曰："若季氏，则吾不能；以季孟之间待之。"曰："吾老矣，不能用也。"孔子行。

齐景公想用孔子，

他说：

"像鲁国国君厚待季氏那样，

我做不到；

以介于季氏和孟氏之间的待遇接待孔子（或许行）。"

但他接着说：

"但我老了，

即使这样也不能用他了。"

孔子（听说后）离开了齐国。

四

齐人归女乐，季桓子受之，三日不朝，孔子行。

齐国人送了一群歌姬舞女给鲁国，

季桓子接受了，

几天不上朝。

孔子见状离开了鲁国。

五

楚狂接舆歌而过孔子曰："凤兮凤兮！何德之衰？往者不可谏，来者犹可追。
已而，已而！今之从政者殆而！"孔子下，欲与之言，趋而避之，不得与之言。

楚国的狂人接舆边唱歌，

边经过孔子的车前。

他唱道：

"凤凰啊凤凰，

为什么道德这么衰落？

过去的事不可挽回，

未来的事还来得及改正。

算了，算了，

如今从政危险啊。"

孔子赶紧下车想找他谈，

他却跑开了，

没来得及说上话。

六

长沮、桀溺耦而耕，孔子过之，使子路问津焉。长沮曰："夫执舆者为谁？"子路曰："为孔丘。"曰："是鲁孔丘与？"曰："是也。"曰："是知津矣。"问于桀溺。桀溺曰："子为谁？"曰："为仲由。"曰："是鲁孔丘之徒与？"对曰："然。"曰："滔滔者天下皆是也，而谁以易之？且而与其从辟人之士也，岂若从辟世之士哉？"耰而不辍。子路行以告。夫子怃然曰："鸟兽不可与同群，吾非斯人之徒与而谁与？天下有道，丘不与易也。"

长沮、桀溺在田里耕作，

孔子从那里经过，

叫子路去问渡口在哪里。

长沮问子路：

"那个驾车的人是谁？"

子路回答说：

"是孔丘。"

长沮又问：

"是鲁国那个孔丘吗？"

子路回答说：

"正是。"

长沮说：

"他应该知道渡口在哪里。"

子路又去问桀溺，

桀溺问：

"你是谁？"

子路回答说：

"我是仲由。"

桀溺又问：

"你是鲁国孔丘的学生吗？"

子路回答说：

"是的。"

桀溺说道：

"世道纷乱，

礼崩乐坏处处可见，

谁能改变得了？

与其跟随孔丘做逃亡之人，

还不如学我们逃避社会呢。"

边说边翻土播种。

子路把这些话告诉了孔子。

孔子怅然叹息说：

"我才不与鸟兽在一起呢。

不与天下人在一起，

又和谁在一起呢？

如果天下尽善尽美，

那我也就没事可做了。"

七

子路从而后，遇丈人，以杖荷蓧。子路问曰："子见夫子乎？"丈人曰："四体不勤，五谷不分，孰为夫子？"植其杖而芸。子路拱而立。止子路宿，杀鸡为黍而食之，见其二子焉。明日，子路行以告。子曰："隐者也。"使子路反见之，至，则行矣。子路曰："不仕无义。长幼之节不可废也，君臣之义如之何其废之？欲洁其身而乱大伦。君子之仕也，行其义也，道之不行，已知之矣。"

子路跟随孔子出游掉队了，

遇上一位老人，

他用木杖挑着除草的农具。

子路问：

"您看见我的老师吗？"

老人说：

"你四肢不劳动，

五谷分不清，

谁知道是哪个老师把你教出来的？"

说完放下木杖，

便去除草。

子路拱手恭敬地站着。

老人留子路到他家住宿，

杀鸡、煮饭给子路吃，

又叫他两儿子和子路见面。

第二天子路告辞上路。

追上孔子后，

把昨天的事情告诉了孔子。

孔子讲：

"这是一位隐士呀。"

要子路再回去，

带话给他。

子路赶到他家，

他却出门了。

老人不在，

子路没办法，

只能把话说给他两儿子听。

子路说：

"老人家隐居是不妥的。

（您让孩子们出来见我，）

说明您家长幼之间很有规矩，

（既然长幼之间的礼节不废弃，）

君臣之间的关系又怎能废弃呢？

您觉得隐居是洁身自好，

可是却失去了君臣大义。

君子做官，

是行君臣大义。

至于世道衰败，

我们的主张难以实现，

这些我们早就知道。

（明知不可为而为之，

正是我的大义啊。"）

八

逸民：伯夷、叔齐、虞仲、夷逸、朱张、柳下惠、少连。子曰："不降其志，不辱其身，伯夷、叔齐与！"谓："柳下惠、少连降志辱身矣，言中伦，行中虑，其斯而已矣。"谓："虞仲、夷逸隐居放言，身中清，废中权。我则异于是，无可无不可。"

隐士的人有：

伯夷、叔齐、虞仲、夷逸、朱张、柳下惠、少连。

孔子讲：

"不降低志向，

不辱没身份，

这是伯夷、叔齐吧！"

(孔子) 认为：

"柳下惠、少连，

降低志向辱没身份，

但言辞合乎伦理，

行为深思熟虑，

也还行吧。"

(孔子) 认为：

"虞仲、夷逸，

他们避世隐居，

说话放肆，

自身清白，

弃官合乎变通。

我和这些人都不同，

我没有什么可以，

也没有什么不可以。"

九

太师挚适齐，亚饭干适楚，三饭缭适蔡，四饭缺适秦，鼓方叔入于河，播鼗武入于汉，少师阳、击磬襄入于海。

（鲁国的乐师都散了，）

太师挚去了齐国，

亚饭（乐师）干去了楚国，

三饭（乐师）缭去了蔡国，

四饭（乐师）缺去了秦国，

打鼓的（乐师）方叔去了黄河地区，

摇小鼓的（乐师）武去了汉水之畔，

少师阳和击磬的（乐师）襄去了海滨。

十

周公谓鲁公曰："君子不施其亲，不使大臣怨乎不以，故旧无大故，则不弃也。无求备于一人。"

周公对鲁公说：

"有道国君不会怠慢亲人关系，

不要让大臣抱怨没被重用，

老臣旧友没有重大过失，

就不要抛弃他们。

对人不要求全责备。"

十一

周有八士：伯达、伯适、仲突、仲忽、叔夜、叔夏、季随、季骁。

周朝有八位名士：

伯达、伯适、仲突、仲忽、叔夜、叔夏、季随、季骁。

子张第十九
共二十五章

一

子张曰："士见危致命，见得思义，祭思敬，丧思哀，其可已矣。"

子张说:

"就君子而言,

遇到危难就要挺身而出,

遇到利益就要考虑是否该要,

祭祀时就要恭敬虔诚,

居丧时就要哀痛悲伤,

做到这些就可以了。"

二

子张曰:"执德不弘,信道不笃,焉能为有?焉能为亡?"

子张说:

"有道德却不弘扬,

有原则却不坚持,

这种人有他也行,

没他也行。"

三

子夏之门人问交于子张。子张曰:"子夏云何?"对曰:"子夏曰:'可者与之,其不可者拒之。'"子张曰:"异乎吾所闻:君子尊贤而容众,嘉善而矜不能。我之大贤与,于人何所不容?我之不贤与,人将拒我,如之何其拒人也?"

子夏学生问子张如何交友。

子张问:

"子夏是怎么说的?"

学生回答:

"子夏说：

'可以交的就交，

不可以交的就拒绝。'"

子张说：

"我听到的不是这样：

君子尊敬贤人，

容纳众人，

赞美好人，

善待能力差的人。

如果我是很好的人，

那对别人有什么不能宽容的呢？

如果我是不好的人，

人们将会拒绝和我交往，

我怎么可能有机会拒绝别人呢？"

四

子夏曰："虽小道，必有可观者焉。致远恐泥，是以君子不为也。"

子夏说：

"即使一些小技能小手艺，

也一定有可取之处。

但想成就大事业，

依靠它们恐怕是不行的，

所以君子不搞这些。"

五

子夏曰："日知其所亡，月无忘其所能，可谓好学也已矣。"

子夏说：

"每天学一点儿，

每月记一点儿，

这样就是好学的人了。"

六

子夏曰："博学而笃志，切问而近思，仁在其中矣。"

子夏说：

"知识渊博，

志向坚定，

诚恳提问，

认真思考，

这些都是文明人的素质。"

七

子夏曰："百工居肆以成其事，君子学以致其道。"

子夏说：

"各种工匠在一起相互协作，

有利于他们的工作，

君子们在一起相互学习，

有利于他们的事业。"

八

子夏曰："小人之过也必文。"

子夏说：

"小人对过错必加掩饰。"

九

子夏曰："君子有三变：望之俨然，即之也温，听其言也厉。"

子夏说：

"君子给人三种不同印象：

看上去很严肃，

交往时平易近人，

讲话有水平一丝不苟。"

十

子夏曰："君子信而后劳其民，未信，则以为厉己也；信而后谏，未信，则以为谤己也。"

子夏说：

"君子要先得到民众信任，

再去指挥民众，

没有得到信任，

民众会认为是一种虐待。

君子要先得到君主信任，

再去劝谏君主；

没有得到君主信任，

君主会以为是一种诽谤。"

十一

子夏曰："大德不逾闲，小德出入可也。"

子夏说：

"大是大非不能越界，

小是小非可以糊涂。"

十二

子游曰："子夏之门人小子，当洒扫应对进退则可矣。抑末也，本之则无，如之何？"子夏闻之，曰："噫，言游过矣！君子之道，孰先传焉？孰后倦焉？譬诸草木，区以别矣。君子之道焉可诬也？有始有卒者，其惟圣人乎！"

子游说：

"子夏的学生，

洒水扫地接待客人没问题。

但这属于芝麻小事，

根本的东西却没学到，

这怎么可以呢？"

子夏听到后说：

"咳！

子游的话可不对啊！

培养君子的问题，

哪个阶段在先？

哪个阶段在后？

这就如同栽培草木，

不同的品种和习性，

要区别对待。

培养君子的问题，

怎能随意指责呢？

先浅后深有始有终地培养，

大概只有圣人吧！"

十三

子夏曰："仕而优则学，学而优则仕。"

子夏说：

"前途好了必须学习，

学习好了必有前途。"

十四

子游曰："丧致乎哀而止。"

子游说：

"服丧，

体现出悲哀之情就行了。"

十五

子游曰："吾友张也，为难能也，然而未仁。"

子游说：

"我的朋友子张，

是个难能可贵的人，

但作为一个有信仰的人

他还有差距。"

十六

曾子曰："堂堂乎张也，难与并为仁矣。"

曾子说：

"子张虽堂堂正正，

但作为一个有信仰的人还不够。"

十七

曾子曰："吾闻诸夫子，人未有自致者也，必也亲丧乎！"

曾子说：

"我听老师说过，

（一般情况下，）

人不会主动把感情充分露出来，

只有在父母去世的情况下，

感情才会尽情地表露。"

十八

曾子曰："吾闻诸夫子，孟庄子之孝也，其他可能也；其不改父之臣与父之政，是难能也。"

曾子说：

"我听老师说过，

孟庄子的孝行以及其他方面，

别人也能做到；

但他不撤换父亲的旧臣，

不变动父亲的政策，

那是别人难以做到的。"

十九

孟氏使阳肤为士师，问于曾子。曾子曰："上失其道，民散久矣。如得其情，则哀矜而勿喜！"

孟氏派阳肤做司法官，

阳肤问曾子应该怎么去做。

曾子说：

"现在当政者不走正道，

民心早已散了。

你案子审得再好，

也是可悲的，

没什么可高兴的。"

二十

子贡曰："纣之不善，不如是之甚也。是以君子恶居下流，天下之恶皆归焉。"

子贡说：

"纣王坏是坏，

但不像传说的那么过分吧。

君子可不能当坏典型，

不然所有的恶名都来了。"

二十一

子贡曰："君子之过也，如日月之食焉。过也，人皆见之；更也，人皆仰之。"

子贡说：

"君子也会犯错误,

就像日食月食一样。

犯错误的时候,

人们都看得见;

改正错误的时候,

人们都仰望着。"

二十二

卫公孙朝问于子贡曰:"仲尼焉学?"子贡曰:"文武之道未坠于地,在人。贤者识其大者,不贤者识其小者,莫不有文武之道焉,夫子焉不学?而亦何常师之有?"

卫国公孙朝问子贡说:

"孔子的学问是从哪里学的?"

子贡说:

"周文王和周武王之道,

没有失传,

还流传在人间。

有大智慧的人,

记住了其中大的方面,

而普通的一般人,

则记住了其中小的方面。

他们身上都有文王武王之道。

我们老师处处留心地学,

哪儿有固定的老师?"

二十三

叔孙武叔语大夫于朝曰：“子贡贤于仲尼。”子服景伯以告子贡，子贡曰：“譬之宫墙，赐之墙也及肩，窥见室家之好。夫子之墙数仞，不得其门而入，不见宗庙之美、百官之富。得其门者或寡矣，夫子之云不亦宜乎！”

叔孙武叔在朝廷对大夫们说：

"子贡比孔子还强。"

子服景伯告诉了子贡，

子贡说：

"好比围墙，

我的围墙只有肩膀高，

站在墙外，

你就能看见屋里情况。

我老师的围墙有几丈高，

找不到大门，

就看不到里面庙堂般的雄伟及各种华丽的房屋，

能找到大门的人毕竟很少，

孙叔武叔这么说，

不很自然的吗！"

二十四

叔孙武叔毁仲尼，子贡曰：“无以为也！仲尼不可毁也。他人之贤者，丘陵也，犹可逾也；仲尼，日月也，无得而逾焉。人虽欲自绝，其何伤于日月乎？多见其不知量也。”

孙叔武叔诋毁孔子，

子贡说：

"不能这样吧!

孔子是不可以诋毁的。

别人的贤德,

好比是山丘,

还能超越过去;

孔子像日月,

别人是无法超越的。

一个人和日月过不去,

日月又有何损害呢?

这人只是不自量力罢了。"

二十五

陈子禽谓子贡曰:"子为恭也,仲尼岂贤于子乎?"子贡曰:"君子一言以为知,一言以为不知,言不可不慎也。夫子之不可及也,犹天之不可阶而升也。夫子之得邦家者,所谓立之斯立,道之斯行,绥之斯来,动之斯和。其生也荣,其死也哀,如之何其可及也?"

陈子禽对子贡说:

"你太谦虚了,

孔子怎么会比你强?"

子贡说:

"君子一句话,

足以显示他的聪明,

同样一句话,

也可以彰显他的无知。

君子说话不能不慎重啊。

我老师的水平不可能赶上,

就像天空不能用梯子爬上去一样。

我的老师如果在一个国家搞政治，

他会通过礼乐，

树立国家的根本。

通过引导，

正义能够伸张。

通过安抚，

别人都来归顺。

动员百姓，

百姓就会响应。

他生被人尊敬，

死被人哀悼，

我怎么比得上呢？"

尧曰第二十

共三章

一

尧曰："咨！尔舜！天之历数在尔躬，允执其中。四海困穷，天禄永终。"舜亦以命禹。曰："予小子履，敢用玄牡，敢昭告于皇皇后帝：有罪不敢赦。帝臣不蔽，简在帝心。朕躬有罪，无以万方；万方有罪，罪在朕躬。"周有大赉，善人是富。"虽有周亲，不如仁人。百姓有过，在予一人。"谨权量，审法度，修废官，四方之政行焉。兴灭国，继绝世，举逸民，天下之民归心焉。所重：民、食、丧、祭。宽则得众，信则民任焉，敏则有功，公则说。

 译文

（尧的时代）尧（对舜传位时）说：

"啧啧！

你这个舜！

上天的使命落在你身上，

要有正确的治国方略，

如果天下百姓陷入贫困，

那你的地位也就终止了。"

（舜的时代）舜（对禹传位时）也这样告诫禹。

商汤说："我小子履谨用黑色的公牛来祭祀，

冒昧地向光明而伟大的天帝禀告：

有罪的人我不敢擅自赦免。

天下的贤人君子，

我绝不遮蔽他们。

如果我有罪，

不要牵连百姓。

如果百姓犯法，

那是我治国无方，

请您唯我是问，

不要惩罚天下百姓。"

（周朝的时代）周朝恩赐天下，

使好人多了起来。

周武王说：

"拥有好人固然好，

但拥有文明人就更好。

百姓有什么错，

都是我自己的错。"

（针对于改朝换代），

孔子讲：

"首先，

制订度量衡，

恢复法律法规，

建立各级政府，

这样能政行令通。

其次，

前朝之人要礼遇，

忠君之人要褒奖，

遗落人才要选拔。

这样百姓的人心就能归服。

最后，

还有要重视的是：百姓、粮食、丧礼、祭礼。

总之，

宽容会得到拥护，

诚实会得到信任，

勤快就会有功绩，

公正百姓就高兴。"

二

子张问于孔子曰："何如斯可以从政矣？"子曰："尊五美，屏四恶，斯可以从政矣。"子张曰："何谓五美？"子曰："君子惠而不费，劳而不怨，欲而不贪，泰而不骄，威而不猛。"子张曰："何谓惠而不费？"子曰："因民之所利而利之，斯不亦惠而不费乎？择可劳而劳之，又谁怨？欲仁而得仁，又焉贪？君子无众寡，无小大，无敢慢，斯不亦泰而不骄乎？君子正其衣冠，尊其瞻视，俨然人望而畏之，斯不亦威而不猛乎？"子张曰："何谓四恶？"子曰："不教而杀谓之虐；不戒视成谓之暴；慢令致期谓之贼；犹之与人也，出纳之吝谓之有司。"

子张问孔子，

"怎样参与政事呢？"

孔子讲：

"尊崇五种美德，

去掉四种恶行，

就可以从政了。"

子张问：

"哪五种美德？"

孔子讲：

"百姓得好处却没有耗费，

安排劳役却不引起怨恨，

虽有欲望却不贪婪，

恭敬却不骄傲，

威严庄重却不凶猛。"

子张问：

"什么叫使百姓得好处却没有耗费？"

孔子讲：

"让百姓做对他们有利的事，

不就是百姓得好处而什么都不耗费吗？

只选择百姓愿意干的事情让他们干，

百姓还有谁会怨恨呢？

追求文明就能实现文明，

（除此以外）还贪求什么呢？

君子对别人，

无论人多还是人少，

无论势力大还是势力小，

君子都不敢怠慢，

这不就是泰然恭敬而不骄傲吗？

君子衣冠整洁，

目不斜视，态度端正，

使人看见就产生敬畏，

这不就是威严庄重而不凶猛吗？"

子张问：

"那四种恶行又是什么呢？"

孔子讲：

"不进行教育就杀，

叫作虐；

事先不告诫而苛求结果，

叫作暴；

开始拖拉突然又要限期完成，

叫作贼；

给人东西显得很吝啬，

叫作小家子气。"

三

孔子曰："不知命，无以为君子也；不知礼，无以立也；不知言，无以知人也。"

孔子讲：

"不知道天命，

就不能做君子；

不懂得礼，

就不能立身处世；

不会分辨别人的言论，

就不能了解人。”